TRAINING

Latein –
Fit für die Oberstufe

Wiederholung Grammatik

Gerhard Metzger

Autor: Gerhard Metzger

Umschlagbild: © taraki/Adobe Stock

© 2022 Stark Verlag GmbH
www.stark-verlag.de
1. Auflage 2016

Inhalt

Vorwort

Bildnachweis

Im Hinblick auf eine eventuelle Begrenzung des Datenvolumens wird empfohlen, dass Sie sich beim Ansehen der Videos im WLAN befinden. Haben Sie keine Möglichkeit, den QR-Code zu scannen, finden Sie die Lernvideos auch gesammelt unter: **http://qrcode.stark-verlag.de/94601V**

Über den nebenstehenden QR-Code oder den folgenden Link können Sie auf die MindApp Latein zum Üben der Konjugationen und Deklinationen zugreifen: **https://www.stark-verlag.de/mindapp/latein-2**

Autor: Gerhard Metzger

Vorwort

Liebe Schülerin, lieber Schüler,

dieser Trainingsband erleichtert Ihnen die schnelle **Wiederholung** der lateinischen Grammatik und ermöglicht Ihnen somit eine optimale **Vorbereitung** auf die **Originallektüre**. Diese praktische Grammatik soll Sie auch während der Lektüre begleiten und immer zur Hand sein.

Durch die Beschränkung auf das wirklich Wichtige ist ein gut **verständliches** und klar **überschaubares Kompendium** entstanden, das mit vielen **Übungsaufgaben** das Wesentliche zur **Formen- und Satzlehre** sowie zur **Satzanalyse** auf den Punkt bringt.

Zu einigen grammatischen Strukturen, mit denen erfahrungsgemäß viele Schüler Schwierigkeiten haben, gibt es zusätzlich **Lernvideos**. An den entsprechenden Stellen im Buch befindet sich ein QR-Code, den Sie mithilfe Ihres Smartphones oder Tablets scannen können – Sie gelangen so schnell und einfach zum zugehörigen Lernvideo.

Diese Grammatik sollte nicht nur regelmäßig vor jeder Klausur wiederholt, sondern auch immer dann benutzt werden, wenn Sie bei den Hausaufgaben auf eine Wissenslücke gestoßen sind. Und die im Anhang des Buches stehenden **Lösungsvorschläge** schauen Sie am besten an, nachdem Sie die Übungsaufgaben selbstständig bearbeitet haben.

Nun wünsche ich viel Erfolg und auch ein wenig Spaß beim Lernen und Wiederholen!

Gerhard Metzger

Hinweise zur MindApp

MindApp Latein – Konjugationen und Deklinationen

- Die in diesem Band zur Verfügung stehende MindApp enthält eine Übersicht der lateinischen **Konjugationen und Deklinationen**, die für den Einsatz am Smartphone optimiert ist. So haben Sie die Konjugationen und Deklinationen überall mit dabei.

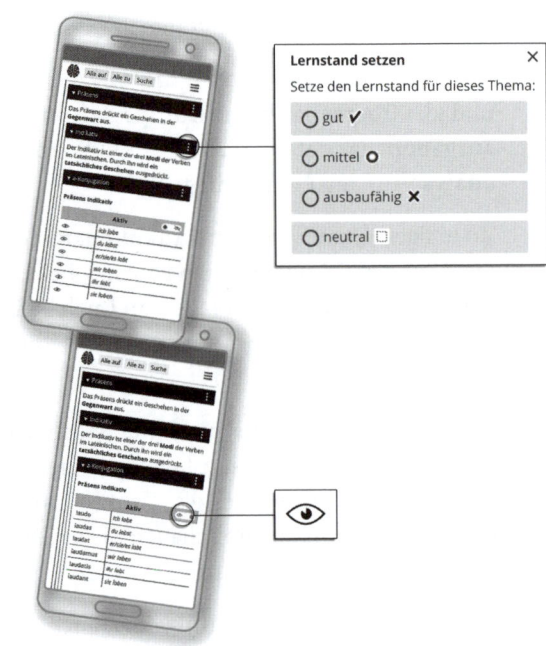

- Diese Web-App kann direkt im Browser geöffnet werden, die Installation über einen App Store ist nicht erforderlich. Scannen Sie dazu den obenstehenden QR-Code mit dem Smartphone oder geben Sie den folgenden Link ein:
https://www.stark-verlag.de/mindapp/latein-2

- Für die weitere Nutzung können Sie das Icon der MindApp zum Startbildschirm hinzufügen, sodass Sie diese darüber starten kannst

- Für jedes Themengebiet kann zudem der **Lernstand** festgehalten werden. So können Sie Ihren Lernfortschritt selbst überprüfen.

- Möchten Sie Schritt für Schritt einzelne Formen lernen oder wiederholen, gibt es die Möglichkeit, die **Formen auszublenden** und nach und nach wieder **einzublenden**. Dazu tippen Sie auf das **Auge** rechts oben. So können Sie jede Form sofort überprüfen und ideal mit der MindApp üben.

- Die Hervorhebung von Personalendungen bzw. Kasusendungen durch **farbige Kennzeichnung** unterstützt den Lernprozess.

Formenlehre

1   Das Substantiv

Alle einem gemeinsamen Deklinationsschema angehörenden Substantive haben ein bestimmtes grammatisches Geschlecht (vgl. im Deutschen: der Fuß, die Wiese, das Kleid). Um dies sichtbar zu machen, wird in allen folgenden Deklinationsbeispielen durchgängig als grammatisches Signal das Adjektiv *bonus, bona, bonum* gesetzt, auch wenn es sinngemäß nicht immer passt.

  bonus: männliches Geschlecht, maskulin, ein Maskulinum (m.)

  bona: weibliches Geschlecht, feminin, ein Femininum (f.)

  bonum: sächliches Geschlecht, neutral, ein Neutrum (n.)

Es gibt im Lateinischen sechs Kasus:

Die Kasus		
Nom.	Nominativ:	**Wer? Was?**
Gen.	Genitiv:	**Wessen?**
Dat.	Dativ:	**Wem?**
Akk.	Akkusativ:	**Wen? Was?**
Vok.	Vokativ:	(Anrede)
Abl.	Ablativ:	**Womit? Wodurch? Wovon?**

1.1   Die a-Deklination

Die Substantive der **a-Deklination**, auch „1. Deklination" genannt, lauten auf ein **-a** aus, das in fast allen Kasusendungen noch sichtbar ist.

Die a-Deklination				
	Singular		Plural	
Nom.	puell**a** bona	*das Mädchen*	puell**ae** bonae	*die Mädchen*
Gen.	puell**ae** bonae	*des Mädchens*	puell**arum** bonarum	*der Mädchen*
Dat.	puell**ae** bonae	*dem Mädchen*	puell**is** bonis	*den Mädchen*
Akk.	puell**am** bonam	*das Mädchen*	puell**as** bonas	*die Mädchen*
Abl.	a puell**a** bona	*von dem Mädchen*	a puell**is** bonis	*von den Mädchen*

Alle Substantive der a-Deklination sind feminin bis auf die Substantive, die ihr natürliches Geschlecht beibehalten.

Jedes Substantiv hat in der Regel das grammatische Geschlecht seiner Deklination. Aber: Männliche Personen bleiben immer männlich, weibliche Personen bleiben immer weiblich: **Personenbezeichnungen** besitzen also ihr **natürliches Geschlecht**.

Beispiele: pirata bonus   *der gute Pirat*
               agricola bonus   *der gute Bauer*

Bei allen Deklinationsbeispielen sollte man sich diejenigen Endungen besonders einprägen, die für verschiedene Fälle in der Einzahl oder Mehrzahl gleich sind.

puell**a**:   Nom. Sg.: *das Mädchen*
             Abl. Sg.: *mit/von dem Mädchen*
             (Personen stehen im Ablativ nur mit Präposition, z. B. *cum* oder *a*)

puell**ae**:   Gen. Sg.: *des Mädchens*
             Dat. Sg.: *dem Mädchen*
             Nom. Pl.: *die Mädchen*

puell**is**:   Dat. Pl.: *den Mädchen*
             Abl. Pl.: *mit/von den Mädchen*
             (Personen stehen im Ablativ nur mit Präposition, z. B. *cum* oder *a*)

Bei Substantiven und Adjektiven aller Deklinationen hat der **Ablativ Plural** immer **dieselbe Endung wie der Dativ Plural**.

Beispiele: domin**is** bonis (Dat.)   *den guten Herr(inn)en*
              a domin**is** bonis (Abl.)   *von den guten Herr(inn)en*

Übung 1   Bestimmen Sie Kasus und Numerus folgender Ausdrücke, wobei Sie alle Möglichkeiten erfassen sollten.

a) mensam bonam: *Akk. Sg.*   b) mensa bona: _____

c) mensis bonis: _____   d) mensas bonas: _____

e) mensae bonae: _____   f) mensarum bonarum: _____

1.2   Die o-Deklination

Die Substantive der **o-Deklination**, auch „2. Deklination" genannt, lauten auf ein -o aus, das freilich nur in einigen Endungen noch sichtbar ist. Die 2. Deklination zerfällt in drei Untergruppen, nämlich die Substantive auf -us, auf -r / -er und -um.

1.2.1 Die Substantive auf -us

Die Substantive auf **-us** der o-Deklination sind **maskulin**.

Substantive der o-Deklination auf -us				
	Singular		Plural	
Nom.	domin**us** bonus	*der Herr*	domin**i** boni	*die Herren*
Gen.	domin**i** boni	*des Herrn*	domin**orum** bonorum	*der Herren*
Dat.	domin**o** bono	*dem Herrn*	domin**is** bonis	*den Herren*
Akk.	domin**um** bonum	*den Herrn*	domin**os** bonos	*die Herren*
Vok.	domin**e** bone	*Herr!*	domin**i** boni	*(ihr) Herren!*
Abl.	a domin**o** bono	*vom Herrn*	a domin**is** bonis	*von den Herren*

Nur die Substantive der o-Deklination auf -us im Singular haben eine eigene Vokativendung. In allen anderen Fällen sind der Vokativ Singular und Plural mit den Nominativendungen identisch.

1.2.2 Die Substantive auf -r / -er

Die Substantive auf **-r / -er** der o-Deklination sind ebenfalls **maskulin**. Bei *puer* bleibt das -e- in allen Fällen erhalten (ebenso wie bei *liberi, liberorum* – die Kinder), während bei *ager* das -e- nur im Nominativ Singular auftaucht, der eigentliche Wortstock ist agr-.

Substantive der o-Deklination auf -er				
	Singular		Plural	
Nom.	pu**er** bonus	*der Junge*	pu**eri** boni	*die Jungen*
Gen.	pu**eri** boni	*des Jungen*	pu**erorum** bonorum	*der Jungen*
Dat.	pu**ero** bono	*dem Jungen*	pu**eris** bonis	*den Jungen*
Akk.	pu**erum** bonum	*den Jungen*	pu**eros** bonos	*die Jungen*
Abl.	a pu**ero** bono	*von dem Jungen*	a pu**eris** bonis	*von den Jungen*

Substantive der o-Deklination auf -r

	Singular		Plural	
Nom.	ag**er** bonus	*der Acker*	ag**ri** boni	*die Äcker*
Gen.	ag**ri** boni	*des Ackers*	ag**rorum** bonorum	*der Äcker*
Dat.	ag**ro** bono	*dem Acker*	ag**ris** bonis	*den Äckern*
Akk.	ag**rum** bonum	*den Acker*	ag**ros** bonos	*die Äcker*
Abl.	ag**ro** bono	*durch den Acker*	ag**ris** bonis	*durch die Äcker*

Bei den Substantiven auf -us und -r der o-Deklination erscheinen folgende gleiche Endungen:

domin**i**:   Gen. Sg.: *des Herrn*

   Nom. Pl.: *die Herren*

domin**o**:   Dat. Sg.: *dem Herrn*

   Abl. Sg.: *mit/von dem Herrn*

   (Personen stehen im Ablativ nur mit Präposition, z. B. *cum* oder *a*)

domin**is**:   Dat. Pl.: *den Herren*

   Abl. Pl.: *mit/von den Herren*

   (Personen stehen im Ablativ nur mit Präposition, z. B. *cum* oder *a*)

1.2.3 Die Substantive auf -um

Die Substantive auf **-um** der o-Deklination sind **neutral/neutrum**.

Substantive der o-Deklination auf -um

	Singular		Plural	
Nom.	bell**um** bonum	*der Krieg*	bell**a** bona	*die Kriege*
Gen.	bell**i** boni	*des Kriegs*	bell**orum** bonorum	*der Kriege*
Dat.	bell**o** bono	*dem Krieg*	bell**is** bonis	*den Kriegen*
Akk.	bell**um** bonum	*den Krieg*	bell**a** bona	*die Kriege*
Abl.	bell**o** bono	*durch den Krieg*	bell**is** bonis	*durch die Kriege*

Bei den Substantiven auf -um der o-Deklination tauchen folgende gleiche Endungen auf:

bell**um**:   Nom. Sg.: *der Krieg*

   Akk. Sg.: *den Krieg*

bell**o**:   Dativ Singular: *dem Krieg*

   Ablativ Singular: *mit/von dem, durch den Krieg*

bella: Nom. Pl.: *die Kriege* (wer?)

            Akk. Pl.: *die Kriege* (wen?)

bellis: Dat. Pl.: *den Kriegen*

            Abl. Pl.: *mit/von den Kriegen, durch die Kriege*

Übung 2   Bestimmen Sie Kasus und Numerus folgender Ausdrücke, wobei Sie alle Möglichkeiten erfassen sollen.

a) agri boni

b) puer bonus

c) bella bona

d) bellum bonum

e) agrorum bonorum

f) pueris bonis

g) agrum bonum

h) bello bono

1.3   Die konsonantische Deklination

Der Stamm der Substantive der **konsonantischen Deklination**, auch „3. Deklination" genannt, endet mit einem Konsonanten. Die meisten Substantive der lateinischen Sprache gehören der 3. Deklination an. Daher ist es nicht verwunderlich, dass die 3. Deklination die farbigste ist: Sie teilt sich in eine große Zahl von Untergruppen auf. Das stellt aber keine besondere Schwierigkeit dar. Für die konsonantische Deklination gelten folgende Regeln:

1. Den **Kasus** erkennt man immer an der **Endung**:

	Singular	Plural
Nom.	–	-es
Gen.	-is	-um
Dat.	-i	-ibus
Akk.	-em	-es
Abl.	-e	-ibus

2. Da im Nominativ der Stamm eines Substantivs oft nicht sicher zu erkennen ist, gewinnt man auf folgende Weise den **Stamm eines Substantivs:**
Man bildet den Genitiv Singular, z. B. *rex → regis*. Streicht man die Endung des Genitivs Singular weg, gewinnt man bei allen Substantiven den Stamm, hier: *reg-*.

3. Die Kasusendungen treten an den bloßen Stamm (z. B. *regis, regi, regem*).

4. Jede an ihrem **besonderen Stamm** erkennbare Untergruppe der 3. Deklination hat ein **bestimmtes grammatisches Geschlecht**, das man sich unbedingt merken muss. Auch die Ausnahmen sollte man sich einprägen.

Substantive der konsonantischen Deklination

	Singular		Plural	
Nom.	orator bonus	der Redner	oratores boni	die Redner
Gen.	oratoris boni	des Redners	oratorum bonorum	der Redner
Dat.	oratori bono	dem Redner	oratoribus bonis	den Rednern
Akk.	oratorem bonum	den Redner	oratores bonos	die Redner
Abl.	ab oratore bono	von dem Redner	ab oratoribus bonis	von den Rednern

Bei den Substantiven der 3. Deklination treten also folgende gleiche Endungen auf:

> oratores: Nom. Pl.: *die Redner* (wer?)
> Akk. Pl.: *die Redner* (wen?)

> oratoribus: Dat. Pl.: *den Rednern*
> Abl. Pl.: *von/mit den Rednern*

1.3.1 Stammgruppen der konsonantischen Deklination und ihr Geschlecht

Maskulina der konsonantischen Deklination

auf -l, **-lis**	consul, consulis	*der Konsul*
auf -or, **-oris**	orator, oratoris	*der Redner*
	Ausnahmen:	
	arbor[1] (bona) *der Baum* → natürliches Geschlecht	
	uxor (bona) *die Gattin* → natürliches Geschlecht	
	aequor (bonum) *das Meer*	
auf **-os, -oris**	honos, honoris	*die Ehre*
	Ausnahmen:	
	tellus[2] (bona) *die Erde* → natürliches Geschlecht	
	os (bonum) *der Mund*	
auf **-er, -(e)ris**	agger[3], aggeris	*der Damm*
	frater[3], fratris	*der Bruder*
	Ausnahmen:	
	mater (bona) *die Mutter* → natürliches Geschlecht	
	mulier (bona) *die Frau* → natürliches Geschlecht	
	iter[4] (bonum) *die Reise*	
auf **-es, -itis**	eques, equitis	*der Reiter*

1 Die Römer dachten sich die Bäume von Baumnymphen bewohnt.

2 Die Römer dachten auch hier an eine weibliche Person, die Mutter Erde.

3 *agger* behält das -e- in allen Kasus, *frater* hat es nur im Nom. Sg.

4 *iter* bildet den unregelmäßigen Genitiv *itineris*.

Feminina der konsonantischen Deklination

auf -**o**, -**onis** und -**o**, -**inis**	oratio, orationis	die Rede
	imago, imaginis	das Bild
	Ausnahmen:	
	homo[5] (bonus) *der Mensch* → natürliches Geschlecht	
	sermo[6] (bonus) *die Rede*	
	leo[6] (bonus) *der Löwe*	
	ordo[6] (bonus) *die Ordnung*	
auf -**as**, -**atis**, -**es**, -**etis**[7], -**os**, -**otis**[7], -**us**, -**utis**[7]	aetas, aetatis	das (Zeit-)Alter
	seges, segetis	das Saatfeld
	dos, dotis	die Mitgift
	virtus, virtutis	die Tugend
	Ausnahmen:	
	custos (bonus) *der Wächter* → natürliches Geschlecht	
	sacerdos (bonus) *der Priester* → natürliches Geschlecht	
auf den Nominativ -**s** nach p- oder k-Laut	pax, pacis	der Friede
	Ausnahmen:	
	dux[8] (bonus) *der Führer* → natürliches Geschlecht	
	iudex[8] (bonus) *der Richter* → natürliches Geschlecht	
	princeps[8] (bonus) *der erste Mann* → natürliches Geschlecht	
	rex[8] (bonus) *der König* → natürliches Geschlecht	
	senex[8] (bonus) *der alte Mann* → natürliches Geschlecht	

Neutra der konsonantischen Deklination

auf -**men**, -**minis**	carmen, carminis	das Lied
auf -**us**, -**oris**	litus, litoris	die Küste
auf -**us**, -**eris**	sidus, sideris	das Gestirn

5 Beim Begriff „Mensch" dachte man in der Antike zuerst an den Mann: *homo, hominis.*

6 *sermo, sermonis; leo, leonis; ordo, ordinis.*

7 Es kommen auch Endungen mit -*d*- vor, z. B. *merces, mercedis*: der Lohn; *custos, custodis*: der Wächter; *palus, paludis*: der Sumpf.

8 Beachten Sie die zum Teil unregelmäßigen Genitive: *ducis, iudicis, principis, regis, senis*

Übung 3 Prüfen Sie und kreuzen Sie an, ob folgende Substantive und Adjektive nach Kasus, Numerus, Genus übereinstimmen. Korrigieren Sie entsprechend.

	ja	nein	Korrektur
agri boni	☐	☐	_____
oratore bono	☐	☐	_____
litus altus	☐	☐	_____
fratres pulchri	☐	☐	_____
pedibus parvis	☐	☐	_____
virtuti praeclari	☐	☐	_____
bella bona	☐	☐	_____
puer bonus	☐	☐	_____
dona cara	☐	☐	_____
duce magnae	☐	☐	_____
uxorem parvam	☐	☐	_____
custodi fido	☐	☐	_____

1.3.2 i-Stämme der 3. Deklination

Nun wenden wir uns einer besonderen Gruppe der 3. Deklination zu, den sogenannten i-Stämmen. Den i-Stämmen gehören Substantive der 3. Deklination an, die ursprünglich auf -i- auslauteten. Dieser **Stammausgang -i-** ist aber nur in ganz wenigen Kasusendungen erhalten.

Die i-Stämme lassen sich nach ihrem grammatischen Geschlecht in zwei Untergruppen einteilen: in die **Feminina der i-Stämme** und die **Neutra** auf **-e, -al** und **-ar**.

Feminina der i-Stämme
- Substantive auf **-es, -is** und **-is, -is**, die im Nominativ und Genitiv die gleiche Silbenzahl haben: Man nennt sie deshalb die **Gleichsilbigen** auf **-es** und **-is**.
- Substantive mit der Nominativendung -s nach zwei oder mehreren vorhergehenden Konsonanten.

Alle **Feminina** der i-Stämme haben das -i- nur noch im **Genitiv Plural:** -ium.

Neutra der i-Stämme auf -e, -al und -ar
Sie haben das -i- noch im **Ablativ Singular:** -i, im **Genitiv Plural:** -ium, im **Nominativ** und **Akkusativ** Plural: -ia.

Feminina der i-Stämme

auf -**es**, -**is** und -**is**, -**is**	nubes, nubis navis, navis	die Wolke das Schiff
	Ausnahmen: iuvenis[1] (bonus) *der junge Mann* → natürliches Geschlecht finis (bonus) *die Grenze* fascis (bonus) *das Rutenbündel* mensis (bonus) *der Monat* orbis (bonus) *der Kreis*	
mit der Nomi-nativendung -**s** nach zwei oder mehreren vorhergehenden Konsonanten	arx, arcis (Gen. Pl.: arcium)	die Burg
	Ausnahmen: adulescens[2] (bonus) *der junge Mann* → natürliches Geschlecht parentes[2] (boni)[3] *die Eltern* → natürliches Geschlecht dens (bonus) *der Zahn* fons (bonus) *die Quelle* mons (bonus) *der Berg* pons (bonus) *die Brücke*	

Neutra der i-Stämme auf -e, -al und -ar

auf -**e**, -**is**, auf -**al**, -**alis** und -**ar**, -**aris**	mare, maris animal, animalis par, paris	das Meer das Lebewesen das Paar

1 Im Gen. Pl. Ausnahme: *iuvenum.*

2 Neben den Genitiven *adulescentium, parentium* auch: *adulescentum, parentum.*

3 Pl.; der Sg. wird selten verwendet: *parens, parentis –* der Vater, die Mutter.

bung 4   Ergänzen Sie die Tabelle, indem Sie zu den Formen von *orator* die entsprechenden Formen von *navis* und *puer* bilden.

oratores		
oratore		
oratorum		
oratoris		

Übung 5

Schreiben Sie aus folgendem Text (Caesar, De bello Gallico 1,1,5–7) alle Substantive der 3. Deklination heraus und bestimmen Sie ihren Kasus.

Eorum una pars, quam Gallos obtinere dictum est, initium capit a flumine Rhodano, continetur Garumna flumine, Oceano, finibus Belgarum, attingit etiam ab Sequanis et Helvetiis flumen Rhenum, vergit ad septentriones. Belgae ab extremis Galliae finibus oriuntur, pertinent ad inferiorem partem fluminis Rheni, spectant in septentrionem et orientem solem. Aquitania a Garumna flumine ad Pyrenaeos montes et eam partem Oceani, quae est ad Hispaniam, pertinet; spectat inter occasum solis et septentriones.

1.4 Die u-Deklination

Die 4. Deklination heißt auch die **u-Deklination**, weil die Substantive der 4. Deklination auf ein **-u-** auslauten, das in fast allen Endungen noch sichtbar ist:

Die u-Deklination				
	Singular		**Plural**	
Nom.	rit**us** bonus	der Brauch	rit**us** boni	die Bräuche
Gen.	rit**us** boni	des Brauches	rit**uum** bonorum	der Bräuche
Dat.	rit**ui** bono	dem Brauch	rit**ibus** bonis	den Bräuchen
Akk.	rit**um** bonum	den Brauch	rit**us** bonos	die Bräuche
Abl.	rit**u** bono	durch den Brauch	rit**ibus** bonis	durch die Bräuche

Die Substantive der u-Deklination sind also **maskulin**, bis auf zwei feminine Ausnahmen: *manus* (die Hand), *domus* (das Haus)

Das Wort *domus* ist auch sonst eigenwillig. Es hat drei Endungen der o-Deklination übernommen, nämlich den Ablativ Singular: *dom*o *bona*, den Genitiv Plural: *dom*orum *bonarum* und den Akkusativ Plural: *dom*os *bonas*.

Bei Substantiven der u-Deklination tauchen folgende gleiche Endungen auf:

 rit**us**:   Nom. Sg.: *der Brauch*
             Gen. Sg.: *des Brauches*
             Nom. Pl.: *die Bräuche* (wer oder was?)
             Akk. Pl: *die Bräuche* (wen oder was?)

rit**ibus**: Dat. Pl.: *den Bräuchen*
             Abl. Pl.: *mit/von den Bräuchen, durch die Bräuche*

Übung 6   Übersetzen Sie folgende Sätze und bestimmen Sie dabei den Kasus der Substantive aus der u-Deklination.

a) Marcus metus magnos habebat.

_____

b) Impetus exercitus periculosi Romani bene prohibuerant.

_____

c) Romani principatum senatus non timebant.

_____

d) Casus mali domino magnas curas parabant.

_____

e) Manus militum acriter cum hostibus pugnavit.

_____

f) Postquam urbs capta est, hostes domos incenderunt.

_____

Übung 7   Verbinden Sie die Substantive der u-Deklinationen (linke Säule) mit Substantiven der rechten Säule, sodass sie in Kasus und Numerus übereinstimmen. Achtung: Nicht alle Substantive können einander zugeordnet werden.

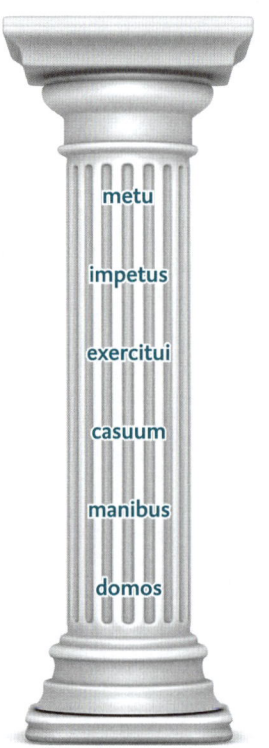

metu

impetus

exercitui

casuum

manibus

domos

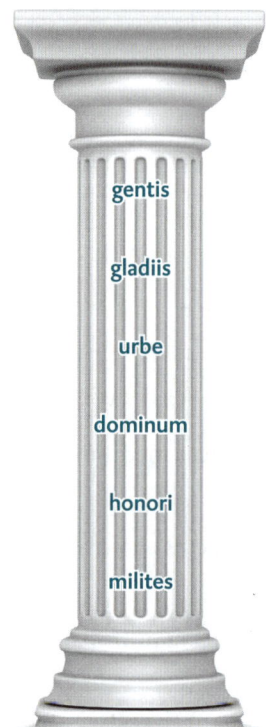

gentis

gladiis

urbe

dominum

honori

milites

1.5 Die e-Deklination

Die 5. Deklination heißt auch die **e-Deklination**, weil die Substantive der 5. Deklination auf ein **-e** auslauten, das in allen Endungen sichtbar ist:

Die e-Deklination					
	Singular		Plural		
Nom.	**res** bona	*die Sache*	**res** bonae	*die Sachen*	
Gen.	**rei** bonae	*der Sache*	**rerum** bonarum	*der Sachen*	
Dat.	**rei** bonae	*der Sache*	**rebus** bonis	*den Sachen*	
Akk.	**rem** bonam	*die Sache*	**res** bonas	*die Sachen*	
Abl.	**re** bona	*durch die Sache*	**rebus** bonis	*durch die Sachen*	

Die Substantive der e-Deklination sind also feminin. Ausnahme:
    dies bonus – *der gute Tag*

Bei den Substantiven der e-Deklination tauchen folgende gleiche Endungen auf:

res:	Nom. Sg.: *die Sache*	
	Nom. Pl.: *die Sachen* (wer oder was?)	
	Akk. Pl.: *die Sachen* (wen oder was?)	
rei:	Gen. Sg.: *der Sache* (wessen?)	
	Dat. Sg.: *der Sache* (wem?)	
rebus:	Dat. Pl.: *den Sachen*	
	Abl. Pl.: *mit/von den Sachen, durch die Sachen*	

Übung 8 Kann das Gleichgewicht wieder hergestellt werden? Prüfen Sie dazu die Substantive und nehmen Sie alle weg, die **nicht** mit den anderen im **Kasus** übereinstimmen.

2   Das Adjektiv

2.1   Adjektive der a- und o-Deklination

Die Adjektive der **a- und o-Deklination** sind **dreiendig**, das heißt, sie haben
für jedes Geschlecht eine eigene Endung, z. B. *bonus, bona, bonum* – „gut" oder
pulcher, pulchra, pulchrum – „schön".

maskulin: vir bonus – *der gute Mann*

	Singular	Plural
Nom.	vir bon**us**	viri boni
Gen.	viri boni	virorum bon**orum**
Dat.	viro bon**o**	viris bon**is**
Akk.	virum bon**um**	viros bon**os**
Abl.	viro bon**o**	viris bon**is**

feminin: femina bona – *die gute Frau*

	Singular	Plural
Nom.	femina bona	feminae bon**ae**
Gen.	feminae bon**ae**	feminarum bon**arum**
Dat.	feminae bon**ae**	feminis bon**is**
Akk.	feminam bon**am**	feminas bonas
Abl.	femina bona	feminis bon**is**

neutral: animal bonum – *das gute Tier*

	Singular	Plural
Nom.	animal bon**um**	animalia bona
Gen.	animalis boni	animalium bon**orum**
Dat.	animali bon**o**	animalibus bon**is**
Akk.	animal bon**um**	animalia bona
Abl.	animali bon**o**	animalibus bon**is**

2.2   Adjektive der konsonantischen Deklination

Die Adjektive der konsonantischen Deklination gehören den **i-Stämmen** an.
Das **-i-** ist noch erhalten im **Ablativ Singular: -i**, im **Genitiv Plural: -ium**
und im **Nominativ** und **Akkusativ Plural** des **Neutrums: -ia**.
Es gibt dreiendige, zweiendige und einendige Adjektive der 3. Deklination.

Die **Kasusendungen** der Adjektive aus der konsonantischen Deklination werden an den **Stamm** angehängt. Der Stamm wird durch die Streichung der Genitivendung gewonnen, das heißt, der Genitiv muss jeweils dazugelernt werden.

2.2.1 Dreiendiges Adjektiv

acer, acris, acre – *scharf, hitzig, temperamentvoll*

maskulin: vir acer – *der temperamentvolle Mann*

	Singular	Plural
Nom.	vir acer	viri acres
Gen.	viri acris	virorum acrium
Dat.	viro acri	viris acribus
Akk.	virum acrem	viros acres
Abl.	viro acri	viris acribus

feminin: femina acris – *die temperamentvolle Frau*

	Singular	Plural
Nom.	femina acris	feminae acres
Gen.	feminae acris	feminarum acrium
Dat.	feminae acri	feminis acribus
Akk.	feminam acrem	feminas acres
Abl.	femina acri	feminis acribus

neutral: animal acre – *das temperamentvolle Tier*

	Singular	Plural
Nom.	animal acre	animalia acria
Gen.	animalis acris	animalium acrium
Dat.	animali acri	animalibus acribus
Akk.	animal acre	animalia acria
Abl.	animali acri	animalibus acribus

2.2.2 Zweiendiges Adjektiv

fortis, forte – *tapfer*

vir fortis – *der tapfere Mann*

	Singular	Plural
Nom.	vir fort**is**	viri fort**es**
Gen.	viri fort**is**	virorum fort**ium**
Dat.	viro fort**i**	viris fort**ibus**
Akk.	virum fort**em**	viros fort**es**
Abl.	viro fort**i**	viris fort**ibus**

femina fortis – *die tapfere Frau*

	Singular	Plural
Nom.	femina fort**is**	feminae fort**es**
Gen.	feminae fort**is**	feminarum fort**ium**
Dat.	feminae fort**i**	feminis fort**ibus**
Akk.	feminam fort**em**	feminas fort**es**
Abl.	femina fort**i**	feminis fort**ibus**

animal forte – *das tapfere Tier*

	Singular	Plural
Nom.	animal fort**e**	animalia fort**ia**
Gen.	animalis fort**is**	animalium fort**ium**
Dat.	animali fort**i**	animalibus fort**ibus**
Akk.	animal fort**e**	animalia fort**ia**
Abl.	animali fort**i**	animalibus fort**ibus**

2.2.3 Einendiges Adjektiv

felix – *glücklich*

vir felix – *der glückliche Mann*

	Singular	Plural
Nom.	vir felix	viri felic**es**
Gen.	viri felic**is**	virorum felic**ium**
Dat.	viro felic**i**	viris felic**ibus**
Akk.	virum felic**em**	viros felic**es**
Abl.	viro felic**i**	viris felic**ibus**

femina felix – *die glückliche Frau*

	Singular	Plural
Nom.	femina felix	feminae felic**es**
Gen.	feminae felic**is**	feminarum felic**ium**
Dat.	feminae felic**i**	feminis felic**ibus**
Akk.	feminam felic**em**	feminas felic**es**
Abl.	femina felic**i**	feminis felic**ibus**

animal felix – *das glückliche Tier*

	Singular	Plural
Nom.	animal felix	animalia felic**ia**
Gen.	animalis felic**is**	animalium felic**ium**
Dat.	animali felic**i**	animalibus felic**ibus**
Akk.	animal felix	animalia felic**ia**
Abl.	animali felic**i**	animalibus felic**ibus**

Beispiele weiterer einendiger Adjektive der 3. Deklination:

constans, constantis – *standhaft*

audax, audacis – *wagemutig*

memor, memoris – *in Erinnerung an*

Übung 9   Kreuzen Sie das mit dem jeweiligen Substantiv nach KNG übereinstimmende Adjektiv an. Es können auch mehrere Adjektive passen.

mulieris	☐ pulchrae	☐ felicibus	☐ fortis
rebus	☐ malus	☐ gravibus	☐ fortes
donorum	☐ iucundum	☐ pulchri	☐ malorum
dominus	☐ acer	☐ fortis	☐ felix
verba	☐ severa	☐ graves	☐ malae
navi	☐ ingenti	☐ grande	☐ parvae
maria	☐ altas	☐ fortes	☐ ingentia
homine	☐ iusto	☐ audaci	☐ forte
militis	☐ fortis	☐ felices	☐ malis

2.3   Steigerung des Adjektivs: Die Komparation

Die Grundstufe des Adjektivs (Positiv) kann in die Vergleichsstufe (Komparativ) und die Höchststufe (Superlativ) gesetzt werden.

Der Komparativ

Der Komparativ, der erste Steigerungsgrad, wird gebildet, indem an den Stamm des Adjektivs im Nominativ die Endungen **-ior** bei **Maskulina** und **Feminina** sowie **-ius** bei den **Neutra** treten. Der Komparativ ist **zweiendig** und wird nach der **3. Deklination** dekliniert:

Beispiele:		
	vir fortior, viri fortioris	*der tapferere Mann*
	femina fortior, feminae fortioris	*die tapferere Frau*
	animal fortius, animalis fortioris	*das tapferere Tier*

Der Superlativ

Der Superlativ, der zweite Steigerungsgrad, wird gebildet, indem an den Stamm des Adjektivs folgende Endungen treten: **-issimus, -issima, -issimum**.
Der Superlativ wird nach der **a- und o-Deklination** dekliniert:

Beispiele:		
	vir fortissimus, viri fortissimi	*der tapferste Mann*
	femina fortissima, feminae fortissimae	*die tapferste Frau*
	animal fortissimum, animalis fortissimi	*das tapferste Tier*

Wenn nicht klar ist, womit verglichen wird, kann der Komparativ auch mit **ziemlich/zu** übersetzt werden:

fossa latior – *ein ziemlich breiter / zu breiter Graben*

Häufig drückt der Superlativ nicht das höchste, sondern nur ein sehr hohes Maß aus. Man spricht dann vom **Elativ:**

vir fortissimus – *ein sehr tapferer Mann*

Bei Adjektiven, die auf **-r** enden, wird statt -issimus, -issima, -issimum die Endung **-rimus, -rima, -rimum** an den Nominativ Singular des Maskulinums angefügt:

puella pulcherrima – *das schönste Mädchen*
ingenium acerrimum – *der schärfste Verstand*

Die Adjektive *facilis*, *similis* und *humilis* hängen beim Superlativ die Endung **-limus, -lima, -limum** an den Wortstock: facilis, -e → facillimus, -a, -um

Bei folgenden Ausnahmen werden der **Komparativ** und der **Superlativ** von einem **jeweils anderen Stamm** gebildet.

Das Adjektiv					
Positiv		**Komparativ**		**Superlativ**	
bonus, -a, -um	*gut*	melior, -ius	*besser*	optimus, -a, -um	*der, die, das beste*
malus, -a, -um	*schlecht*	peior, -ius	*schlechter*	pessimus, -a, -um	*der, die, das schlechteste*
parvus, -a, -um	*klein*	minor, -us	*kleiner*	minimus, -a, -um	*der, die, das kleinste*
magnus, -a, -um	*groß*	maior, -ius	*größer*	maximus, -a, -um	*der, die, das größte*
multi, -ae, -a	*viele*	plures, -a	*mehr*	plurimi, -ae, -a	*die meisten*

bung 10 Bilden Sie die Formen der fehlenden Steine (Positiv, Komparativ oder Superlativ). Die einzelnen Steine einer Reihe müssen in KNG übereinstimmen, damit die Mauer nicht zusammenbricht.

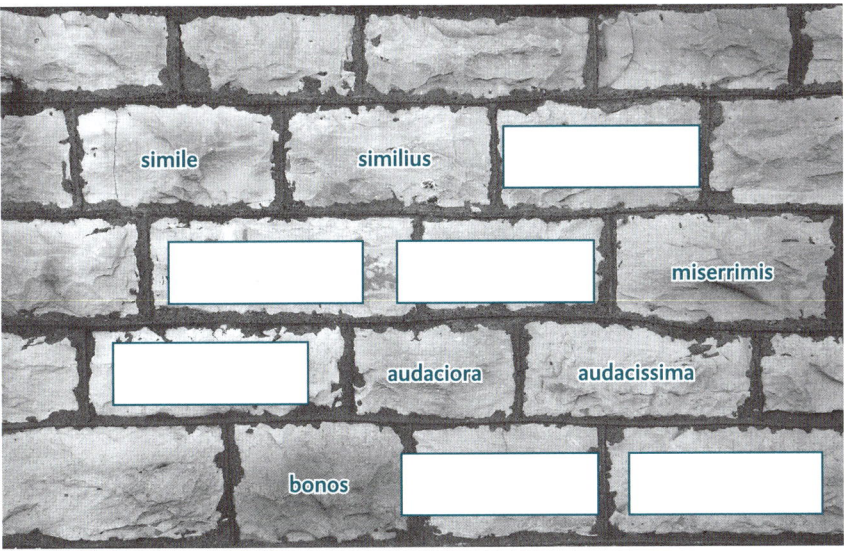

Übung 11 Nachdem die Griechen zehn Jahre erfolglos gegen
die Trojaner gekämpft hatten, bauten sie ein hölzer-
nes Pferd, in dessen Bauch sich griechische Soldaten
versteckten, die schließlich Troja zerstörten.

Lesen Sie sich folgende Aussagen durch und
ergänzen Sie die richtigen Formen, sodass sich
sinnvolle deutsche Sätze ergeben.

a) Hic equus _____
omnium est.

b) Graeci _____ quam
Troiani sunt.

c) Milites Graeci _____
sunt.

d) Helena _____ omnium
feminarum est.

maximus	*peior*	*pulcherrima*
audaciores	*prudentissimi*	*pulchrior*
fortissima	*crudelissimus*	*minimi*

Darstellung des Raubs der Helena im Garten des
Schlosses Mirabell in Salzburg.
Der Raub der Helena war der Auslöser des
Trojanischen Krieges.

3   Das Adverb

Während ein Adjektiv meist ein als Subjekt oder Objekt stehendes Substantiv näher bestimmt (z. B. *virum fortem* – den tapferen Mann), beschreibt das Adverb die Art und Weise der Handlung des Satzes näher, es steht beim Prädikat (*vir fortiter pugnat* – der Mann kämpft tapfer). Viele Adverbien sind von Adjektiven abgeleitet. Daneben gibt es noch eine Reihe anderer Adverbien, wie z. B. *clam* – „heimlich", *saepe* – „oft", *subito* – „plötzlich", *heri* – „gestern". Letztere müssen jedoch extra gelernt werden.

Die Adjektive der a- und o-Deklination werden durch die Endung **-e**, die Adjektive der 3. Deklination durch die Endungen **-iter** oder **-ter** zum Adverb.

Beispiele:	Orator pulchre loquitur.	(pulcher, -a, -um)	*Der Redner spricht schön.*
	Miles fortiter pugnat.	(fortis, -e)	*Der Soldat kämpft tapfer.*
	Miles audacter pugnat.	(audax, audacis)	*Der Soldat kämptf mutig.*

Der **Komparativ** des Adverbs wird mit der Endung des Nominativ/Akkusativ Singular des Neutrums **-ius**, der **Superlativ** des Adverbs wiederum mit der Endung **-issime (-rime, -lime)** gebildet:

Das Adverb					
Positiv		**Komparativ**		**Superlativ**	
pulchre	*schön*	pulchrius	*schöner*	pulcherrime	*am schönsten*
fortiter	*tapfer*	fortius	*tapferer*	fortissime	*am tapfersten*
audacter	*mutig*	audacius	*mutiger*	audacissime	*am mutigsten*

Übung 12   Ergänzen Sie die entsprechende Form des Adjektivs bzw. Adverbs. Übersetzen Sie anschließend.

a) Femina _____ est (pulcher).

b) Femina _____ agit (prudens).

c) Femina flores _____ portat (Superlativ: pulcher).

d) Maritus feminae _____ est (Superlativ: fortis).

e) Haec femina _____ (Komparativ: clarus) quam illa est.

f) Sed illa femina _____ (Komparativ: pulcher) cantat.

4 Die Zahlen

Im Lateinischen werden vier Arten von Zahlen unterschieden:

- Grundzahlen **(Cardinalia):** unus, duo, tres … *(ein, zwei, drei)*
- Ordnungszahlen **(Ordinalia):** primus, secundus, tertius … *(der erste, der zweite, der dritte)*
- Einteilungszahlen **(Distributiva):** singuli, bini, terni … *(je ein, je zwei, je drei oder: einzeln, zu zweit, zu dritt)*
- **Zahladverbien:** semel, bis, ter … *(einmal, zweimal, dreimal)*

Bis auf die ersten drei Zahlen sind die Distributiva und die Zahladverbien so selten, dass sie hier vernachlässigt werden können. Für die Aufschlüsselung von Cardinalia und Ordinalia genügt es, sich folgende Zahlen zu merken:

Die Zahlen			
Grundzahlen		**Ordnungszahlen**	
unus, -a, -um	*ein*	primus, -a, -um	*der erste*
duo, duae, duo	*zwei*	secundus, -a, -um	*der zweite*
tres, tria[1]	*drei*	tertius, -a, -um	*der dritte*
quattuor	*vier*	quartus, -a, -um	*der vierte*
quinque	*fünf*	quintus, -a, -um	*der fünfte*
sex	*sechs*	sextus, -a, -um	*der sechste*
septem	*sieben*	septimus, -a, -um	*der siebte*
octo	*acht*	octavus,- a, -um	*der achte*
novem	*neun*	nonus, -a,-um	*der neunte*
decem	*zehn*	decimus, -a, -um	*der zehnte*

1 *tres, tria* ist zweiendig, hat also für Maskulinum und Femininum dieselbe Endung.

undecim	*elf*	undecimus, -a, -um	*der elfte*
duodecim	*zwölf*	duodecimus, -a, -um	*der zwölfte*
tredecim	*dreizehn*	tertius decimus, -a, -um	*der dreizehnte*
quattuordecim	*vierzehn*	quartus decimus, -a, -um	*der vierzehnte*
quindecim	*fünfzehn*	quintus decimus, -a, -um	*der fünfzehnte*
sedecim	*sechzehn*	sextus decimus, -a, -um	*der sechzehnte*
septendecim	*siebzehn*	septimus decimus, -a, -um	*der siebzehnte*
duodeviginti[1]	*achtzehn*	duodevicesimus, -a, -um	*der achtzehnte*
undeviginti	*neunzehn*	undevicesimus, -a, -um	*der neunzehnte*
viginti	*zwanzig*	vicesimus, -a, -um	*der zwanzigste*
viginti unus bzw. unus et viginti	*einundzwanzig*	vicesimus primus bzw. unus et vicesimus	*der einundzwanzigste*

triginta	dreißig	tricesimus, -a, -um	der dreißigste
quadraginta	vierzig	quadragesimus, -a, -um	der vierzigste
quinquaginta	fünfzig	quinquagesimus, -a, -um	der fünfzigste
sexaginta	sechzig	sexagesimus, -a, -um	der sechzigste
septuaginta	siebzig	septuagesimus, -a, -um	der siebzigste
octoginta	achtzig	octogesimus, -a, -um	der achtzigste
nonaginta	neunzig	nonagesimus, -a, -um	der neunzigste
centum	hundert	centesimus, -a, -um	der hundertste
ducenti, -ae, -a	200	ducentesimus, -a, -um	der zweihundertste
trecenti, -ae, -a	300	trecentesimus, -a, -um	der dreihundertste
quadringenti, -ae, -a	400	quadringentesimus, -a, -um	der vierhundertste
quingenti, -ae, -a	500	quingentesimus, -a, -um	der fünfhundertste
sescenti, -ae, -a	600	sescentesimus, -a, -um	der sechshundertste
septingenti, -ae, -a	700	septingentesimus, -a, -um	der siebenhundertste
octingenti, -ae, -a	800	octingentesimus, -a, -um	der achthundertste
nongenti, -ae, -a	900	nongentesimus, -a, -um	der neunhundertste
mille	1 000	millesimus, -a, -um	der tausendste
duo milia[2]	2 000	bis millesimus, -a, -um[3]	der zweitausendste

1 Wörtlich: „zwei von zwanzig (abgezogen)"
2 Eigentlich: „zwei Tausender"; Genitiv: *duorum milium*
3 Eigentlich: „zweimal der Tausendste"

Die **Ordnungszahlen** erkennt man gleich an der Endung: Sie werden wie ein Adjektiv der a- und o-Deklination dekliniert:

bonus, bona, bonum – primus, prima, primum

Von den **Grundzahlen**, und das ist eine wichtige Übersetzungshilfe, werden nur **unus**, -a, -um, **duo**, duae, duo und **tres**, tria dekliniert:

Nom.	unus, una, unum	duo, duae, duo	tres, tria
Gen.	unius, unius, unius	duorum, duarum, duorum	trium, trium
Dat.	uni, uni, uni	duobus, duabus, duobus	tribus, tribus
Akk.	unum, unam, unum	duo (od. duos), duas, duo	tres, tria
Abl.	uno, una, uno	duobus, duabus, duobus	tribus, tribus

Auch die Hunderter ab 200 werden dekliniert:

ducenti, ducentae, ducenta
ducentorum, ducentarum, ducentorum usw.

Die **Zehner** erkennt man an der Endung **-ginta**.
Die **Hunderter** erkennt man an der Endung **-centi,- ae, -a**[1] oder **-genti, -ae,- a**[1].

1 Von *centum* abgeleitet.

Da sich alle Zahlen aus den in unserer Tabelle enthaltenen Zahlen zusammensetzen lassen, können nun alle in Texten begegnenden Zahlen durch Addition der Einzelzahlen entziffert werden.

tria milia trecenti triginta tres equites – *3 333 Reiter*
anno p. Chr. n. millesimo nongentesimo duodesexagesimo –
im Jahre 1958 n. Chr.

Übung 13 Der Abakus ist ein Hilfsmittel zum Rechnen, den Sie sicher aus der Schule kennen. Bereits im alten Rom gab es den Abacus, ein Rechenbrett aus Stein oder Holz.
Rechnen Sie folgende Zahlen zusammen und notieren Sie das Ergebnis als Zahl.

sex et viginti

ducenti viginti quinque

quattuor et septuaginta

undccim

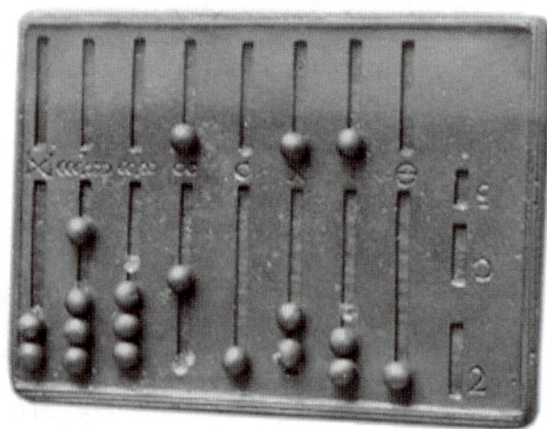

Rekonstruktion eines römischen Abacus.

5   Die Pronomina

Das Pro-Nomen steht als „Für-Wort" für oder anstelle eines Substantivs oder Adjektivs.

Video virum.	*Ich sehe den Mann.*
Video **eum**.	*Ich sehe ihn.*
Vidi pulchram feminam.	*Ich sah eine schöne Frau.*
Vidi **aliquam** feminam.	*Ich sah irgendeine Frau.*

5.1   Possessivpronomen

Am einfachsten ist die Deklination des Possessivpronomens, da es wie ein Adjektiv der a- und o-Deklination dekliniert wird.

Possessivpronomen			
meus, -a, -um	*mein*	noster, nostra, nostrum	*unser*
tuus, -a, -um	*dein*	vester, vestra, vestrum	*euer*
suus, -a, -um	*sein, ihr, sein*	suus, -a, -um	*ihr*

Übung 14   Bestimmen Sie folgende Possessivpronomen nach KNG.

a) vestros

b) nostri

c) tuis

d) meum

e) suorum

f) vestris

Unterrichtsszene: Der Lehrer in der Mitte des Bildes begrüßt einen eintretenden Schüler. Zwei weitere Schüler studieren Papyrusrollen. Relief, Neumagen, 2. Jh. n. Chr., Trier, Rheinisches Landesmuseum

Bei den folgenden Pronomina ist die Deklination etwas komplizierter, da bunt gemischt Endungen der a- und o-Deklination, der 3. Deklination und eigene, nur bei Pronomina auftauchende Endungen, die hier **Pronominalendungen** genannt werden, vorkommen.

5.2 Interrogativpronomen

Die Interrogativpronomina (vgl. *interrogare* – fragen) **quis?** (wer?) und **quid?** (was?) leiten direkte und indirekte Fragen ein.

Interrogativpronomen			
	m./f.	**n.**	
Nom.	**quis**	**quid**	wer? was?
Gen.	**cuius**	**cuius**	wessen?
Dat.	**cui**	**cui**	wem?
Akk.	**quem**	**quid**	wen? was?
Abl.	**quo**	**quo**	womit? wodurch? wovon?

5.3 Relativpronomen

Das Relativpronomen **qui, quae, quod** (welcher, welche, welches; der, die, das) leitet Relativsätze ein.

Relativpronomen		
	Singular	Plural
Nom.	qui, quae, quod	qui, quae, quae
Gen.	cuius, cuius, cuius	quorum, quarum, quorum
Dat.	cui, cui, cui	quibus, quibus, quibus
Akk.	quem, quam, quod	quos, quas, quae
Abl.	quo, qua, quo	quibus, quibus, quibus

Übung 15 Unterstreichen Sie die entsprechend richtige Form des Relativpronomens und übersetzen Sie anschließend.

a) Romani hostes, **qui/quae/quos** castra collocabant, cinxerunt.

b) Uxores, **cuius/quarum/quae** viri in urbe non erant, tristes erant.

c) Bellum, **qui/quem/quod** in finibus hostium actum est, acre erat.

5.4 Demonstrativpronomen

Das Demonstrativpronomen (vgl. *demonstrare* – zeigen, hinweisen) **hic, haec, hoc** (dieser, diese, dieses) verweist auf etwas Naheliegendes.

Demonstrativpronomen		
	Singular	Plural
Nom.	hic, haec, hoc	hi, hae, haec
Gen.	huius, huius, huius	horum, harum, horum
Dat.	huic, huic, huic	his, his, his
Akk.	hunc, hanc, hoc	hos, has, haec
Abl.	hoc, hac, hoc	his, his, his

Übung 16 Ergänzen Sie bei folgenden Substantiven in verschiedenen Kasus das jeweilige Demonstrativpronomen *(hic, haec, hoc).*

a) __*hi*__ viri (Nominativ Plural)

b) _____ navi

c) _____ templa

d) _____ viros

e) _____ feminis

f) _____ uxorum

g) _____ virum

h) _____ templum

i) _____ mater

j) _____ dux

Das Demonstrativpronomen **iste, ista, istud** (dieser, diese, dieses) verweist auf eine Person oder eine Sache, die abfällig beurteilt wird: z. B. *iste vir* – „der Mensch da".

iste, ista, istud		
	Singular	Plural
Nom.	iste, ista, istud	isti, istae, ista
Gen.	istius, istius, istius	istorum, istarum, istorum
Dat.	isti, isti, isti	istis, istis, istis
Akk.	istum, istam, istud	istos, istas, ista
Abl.	isto, ista, isto	istis, istis, istis

Das Demonstrativpronomen **ille, illa, illud** (jener, jene, jenes) verweist auf etwas ferner Liegendes.

ille, illa, illud		
	Singular	Plural
Nom.	ille, illa, illud	illi, illae, illa
Gen.	illius, illius, illius	illorum, illarum, illorum
Dat.	illi, illi, illi	illis, illis, illis
Akk.	illum, illam, illud	illos, illas, illa
Abl.	illo, illa, illo	illis, illis, illis

Übung 17 Unterstreichen Sie das zum entsprechenden Substantiv passende Pronomen. Es können auch mehrere richtig sein.

dolore	illa	isto	hoc
corpora	ista	illarum	hae
animi	istius	illi	huic
generis	hi	cuius	illo

Römischer Gutshof (*villa rustica*) in Mehring. Erbaut 3./4. Jh., rekonstruiert 1986.

5.5 Personalpronomen

Die Personalpronomina **ego, tu, is, ea, id** (ich, du, er, sie, es) bezeichnen die einzelnen Personen im Singular. Die Personalpronomina **nos, vos, ii, eae, ea** (wir, ihr, sie) bezeichnen die einzelnen Personen im Plural.

Personalpronomen					
	Singular				
Nom.	ego	tu	is	ea	id
Gen.	mei	tui	eius	eius	eius
Dat.	mihi	tibi	ei	ei	ei
Akk.	me	te	eum	eam	id
Abl.	me	te	eo	ea	eo
	Plural				
Nom.	nos	vos	ii (ei)	eae	ea
Gen.	nostri[1]	vestri[1]	eorum	earum	eorum
Dat.	nobis	vobis	iis (eis)	iis (eis)	iis (eis)
Akk.	nos	vos	eos	eas	ea
Abl.	nobis	vobis	iis (eis)	iis (eis)	iis (eis)

1 Es kommt auch die Form *nostrum* bzw. *vestrum* vor, z. B. in der Wendung *quis nostrum? –* „wer von uns?"

bung 18 Wählen Sie das richtige Pronomen aus, sodass die deutsche Übersetzung passt.

1. Villam (**eius/meam/me**) intro et omnes (**me/mihi/meam**) vident.
   → Ich betrete mein Haus und alle sehen mich.

2. Philosophus dicit: „Homo malus solum divitias (**suus/eius/suas**) amat."
   → Der Philosoph sagt: „Ein böser Mensch liebt nur seinen Reichtum."

3. Consul dixit: „Verba (**vestra/eorum/sua**) mihi nota sunt, verba mea (**vos/vobis/vestris**) nota sunt."
   → Der Konsul sagte: „Eure Worte sind mir bekannt, meine Worte sind euch bekannt."

4. Milites oppidum hostium aggressi sunt. Qui clamabant: „Omnia (**nostra/vestra/eorum**) rapta sunt."
   → Die Soldaten haben die Stadt der Feinde angegriffen. Diese schrien: „All das Unsere wurde geraubt."

5.6 Reflexivpronomen

Das Reflexivpronomen ist das rückbezügliche Fürwort für die 3. Person (z. B. *se videt* – er sieht sich; vgl. *eum videt*: er sieht ihn). Es hat im Singular und Plural dieselben Formen (z. B. *de se narrat* – er erzählt von sich, *de se narrant* – sie erzählen von sich). In der Verbindung mit *cum* wird das *se* im Ablativ hinter die Präposition gesetzt und mit dieser zusammengeschrieben: *secum*.

Reflexivpronomen	
Nom.	–
Gen.	**sui**
Dat.	**sibi**
Akk.	**se**
Abl.	**se**

5.7 Identitätspronomen

Das Identitätspronomen (vgl. *idem* – derselbe) **ipse, ipsa, ipsum** (er selbst, sie selbst, es selbst) betont eine Person oder eine Sache.

ipse, ipsa, ipsum		
	Singular	Plural
Nom.	ipse, ipsa, ipsum	ipsi, ipsae, ipsa
Gen.	ipsius, ipsius, ipsius	ipsorum, ipsarum, ipsorum
Dat.	ipsi, ipsi, ipsi	ipsis, ipsis, ipsis
Akk.	ipsum, ipsam, ipsum	ipsos, ipsas, ipsa
Abl.	ipso, ipsa, ipso	ipsis, ipsis, ipsis

Übung 19 Verbinden Sie die zusammenpassenden Pronomen und Substantive.

❶ illorum   a carmen

❷ meum   b uxorem

❸ ipso   c rerum

❹ istius   d feminae

❺ hanc   e die

Die Zusammensetzung des Pronomens *is, ea, id* mit dem Suffix *-dem* ergibt ein weiteres Identitätspronomen: **idem, eadem, idem** (derselbe, dieselbe, dasselbe):

idem, eadem, idem		
	Singular	Plural
Nom.	idem, **eadem**, idem	**ii**dem, **eae**dem, **ea**dem
Gen.	**eius**dem, **eius**dem, **eius**dem	**eorun**dem, **earun**dem, **eorun**dem
Dat.	**ei**dem, **ei**dem, **ei**dem	**iis**dem, **iis**dem, **iis**dem
Akk.	**eun**dem, **ean**dem, **id**em	**eos**dem, **eas**dem, **ea**dem
Abl.	**eo**dem, **ea**dem, **eo**dem	**iis**dem, **iis**dem, **iis**dem

Im Dativ und Ablativ Plural kommen neben dem *iisdem* auch die Formen *eisdem* und *isdem* vor. Diese sind ebenfalls für Maskulinum, Femininum und Neutrum gleich. Der Nominativ Plural des Maskulinums kennt auch die Nebenformen *eidem* und *idem*.

Sie sollten sich den **Bedeutungsunterschied** der beiden Identitätspronomina genau merken!

vir ipse – *der Mann selbst*   vir idem – *derselbe Mann*

femina ipsa – *die Frau selbst*   femina eadem – *dieselbe Frau*

animal ipsum – *das Tier selbst*   animal idem – *dasselbe Tier*

5.8 Zusammengesetzte Pronomina

Pronomina mit einer neuen Bedeutung entstehen durch die Verbindung eines Pronomens mit einer bestimmten Vorsilbe (Präfix) oder Nachsilbe (Suffix). Den meisten zusammengesetzten Pronomina liegt
- bei substantivischer Verwendung das Fragepronomen *quis?, quid?* oder
- bei adjektivischer Verwendung das Relativpronomen *qui, quae, quod*
zugrunde. In substantivischer Verwendung steht das Pronomen allein, in adjektivischer Verwendung zusammen mit einem Substantiv.

Es handelt sich außer bei *quisquis* und *quicumque* (sogenannte verallgemeinernde Relativpronomina) durchweg um Indefinitpronomina, also um unbestimmte Fürwörter (*indefinitus* – unbestimmt).

Indefinitpronomina			
quis? quid?		**qui, quae, quod**	
ali-quis	*irgendwer*	ali-qui	*irgendein*
ali-quid	*irgendwas*	ali-qua[1]	*irgendeine*
		ali-quod	*irgendein*
quis-quam	*irgendwer*	qui-dam	*ein gewisser*
quic[2]-quam	*irgendwas*	quae-dam	*eine gewisse*
		quod-dam[3]	*ein gewisses*
(unus-)quis-que	*(ein) jeder*	qui-vis	*jeder*
(unum-)quid-que[4]	*(ein) jedes*	quae-vis	*jede*
		quod-vis[5]	*jedes*
		qui-libet	*jeder*
		quae-libet	*jede*
		quod-libet[5]	*jedes*
		qui-cumque	*welcher auch immer*
quis-quis	*wer auch immer*	quae-cumque	*welche auch immer*
quid-quid	*was auch immer*	quod-cumque	*welches auch immer*

1 In der Zusammensetzung mit ali- erscheint im Nominativ -qua statt -quae.
2 Das *-d-* von *quid-quam* hat sich an den folgenden k-Laut angeglichen (assimiliert): *quic-quam*.
3 Bei substantivischem Gebrauch heißt die Form *quiddam* statt *quoddam*.
4 In adjektivischer Verwendung kommt auch die dreiendige Form *quisque, quaeque, quodque* vor.
5 Für den substantivischen Kontext lautet die Form *quidvis* bzw. *quidlibet*.

Übung 20 Nennen Sie die deutsche Bedeutung folgender Pronomina. Es ist immer der Nominativ Singular des Maskulinums angegeben.

a) idem

b) unusquisque

c) aliquis

d) quidam

e) quilibet

f) quisquam

g) quisquis

h) quivis

i) aliqui

j) quicumque

6 Das Verbum

Da die Endung eines Verbums mehrere wichtige Signale enthält, müssen die verschiedenen Konjugationen mit sorgfältigem Blick auf die Endungen wiederholt werden. Die Bildung der sogenannten Nominalformen des Verbums, des Gerundivs, des Partizips und des Infinitivs werden bei ihrer Behandlung in der Satzlehre wiederholt (Gerundiv: S. 77 ff.; Partizip: S. 82 ff.; Infinitiv: S. 88 ff.).

Die **Endung** eines lateinischen Verbums enthält fünf wichtige Hinweise:
1. Sie gibt die **handelnde Person** an: 1., 2. oder 3. Person.
2. Sie nennt die Zahl der handelnden Personen, den **Numerus:** Singular oder Plural.
3. Sie nennt die Zeit der Handlung, das **Tempus:** Präsens/Gegenwart, Futur I/Zukunft, Imperfekt/1. Vergangenheit, Perfekt/2. Vergangenheit, Plusquamperfekt/3. Vergangenheit, Futur II/vollendete Zukunft.
4. Sie gibt die Aussageweise an, den **Modus:** Indikativ oder Konjunktiv.
5. Sie gibt die Art des Geschehens oder das sogenannte Geschlecht der Verbform an, das **Genus Verbi:** Aktiv oder Passiv.

Präsens, Imperfekt und Futur I werden vom Präsensstamm gebildet; Perfekt, Plusquamperfekt und Futur II (vollendetes Futur, Futur exakt) werden im Aktiv vom Perfektstamm gebildet, im Passiv sind die entsprechenden Formen aus dem Partizip Perfekt Passiv und einer Form von *esse* (sein) zusammengesetzt. Das Futur II gehört ebenfalls in diese letzte Gruppe, da es vom Futur I aus gesehen eine Vergangenheit ist: Ich werde kommen (Futur I), wenn ich deinen Pfiff gehört haben werde (Futur II).

Präsensstamm	→ Präsens, Imperfekt und Futur I
Perfektstamm	→ Perfekt, Plusquamperfekt und Futur II im Aktiv
Partizip Perfekt Passiv	→ Perfekt, Plusquamperfekt und Futur II im Passiv

Die folgenden Beispiele zeigen, was die einzelnen Bestandteile der Endungen signalisieren:

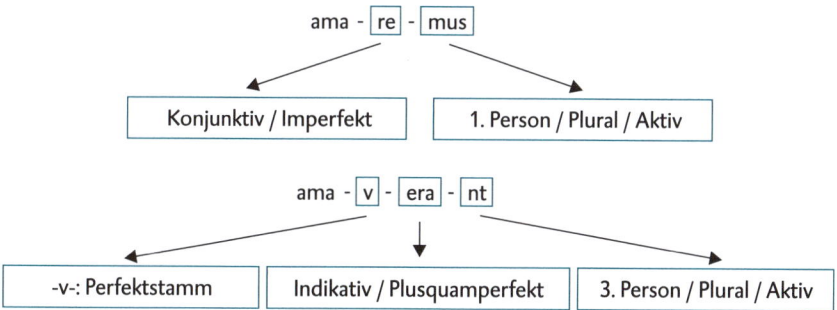

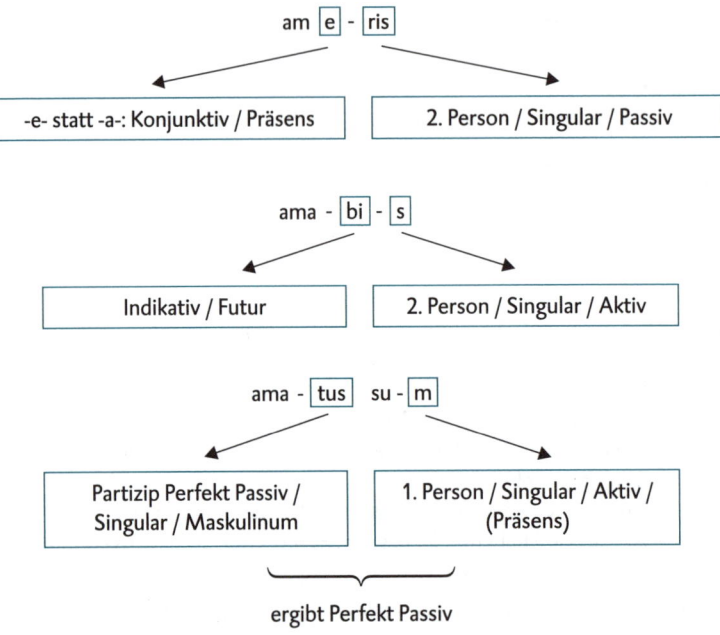

6.1   Die a-Konjugation

Die 1. Konjugation heißt auch **a-Konjugation**, weil die Verben auf **-a-** auslauten. In folgender Tabelle ist nur die Übersetzung für jeweils die 1. Person Singular angegeben; daraus ergibt sich auch die Übersetzung der anderen Formen.

Die a-Konjugation				
	Aktiv		**Passiv**	
Präsens Indikativ	laudo	*ich lobe*	laudor	*ich werde gelobt*
	lauda-s		lauda-ris	
	lauda-t		lauda-tur	
	lauda-mus		lauda-mur	
	lauda-tis		lauda-mini	
	lauda-nt		lauda-ntur	
Präsens Konjunktiv	laud**e**-m	*ich möge loben*	laud**e**-r	*ich möge gelobt werden*
	laud**e**-s		laud**e**-ris	
	laud**e**-t		laud**e**-tur	
	laud**e**-mus		laud**e**-mur	
	laud**e**-tis		laud**e**-mini	
	laud**e**-nt		laud**e**-ntur	

	Aktiv		Passiv		
Imperativ	lauda	*lobe!*			
	lauda-te	*lobt!*			
Imperfekt Indikativ	lauda-**ba**-m	*ich lobte*	lauda-**ba**-r	*ich wurde*	
	lauda-**ba**-s		lauda-**ba**-ris	*gelobt*	
	lauda-**ba**-t		lauda-**ba**-tur		
	lauda-**ba**-mus		lauda-**ba**-mur		
	lauda-**ba**-tis		lauda-**ba**-mini		
	lauda-**ba**-nt		lauda-**ba**-ntur		
Imperfekt Konjunktiv	lauda-**re**-m	*ich würde*	lauda-**re**-r	*ich würde*	
	lauda-**re**-s	*loben*	lauda-**re**-ris	*gelobt werden*	
	lauda-**re**-t		lauda-**re**-tur		
	lauda-**re**-mus		lauda-**re**-mur		
	lauda-**re**-tis		lauda-**re**-mini		
	lauda-**re**-nt		lauda-**re**-ntur		
Futur I	lauda-**b**-o	*ich werde*	lauda-**b**-or	*ich werde*	
	lauda-**bi**-s	*loben*	lauda-**be**-ris	*gelobt werden*	
	lauda-**bi**-t		lauda-**bi**-tur		
	lauda-**bi**-mus		lauda-**bi**-mur		
	lauda-**bi**-tis		lauda-**bi**-mini		
	lauda-**bu**-nt		lauda-**bu**-ntur		
Perfekt Indikativ	laudav-**i**	*ich habe*	laudat-**us**,	sum	*ich bin*
	laudav-**isti**	*gelobt*	-**a**, -**um**	es	*gelobt*
	laudav-**it**			est	*worden*
	laudav-**imus**		laudat-i,	sumus	
	laudav-**istis**		-**ae**, -**a**	estis	
	laudav-**erunt**			sunt	
Perfekt Konjunktiv	cum	*als ich*	cum	sim[1]	*als ich*
	laudav-**eri**-m[1]	*gelobt habe*	laudat-**us**,	sis	*gelobt*
	laudav-**eri**-s		-**a**, -**um**	sit	*worden*
	laudav-**eri**-t		laudat-i,	simus	*bin*
	laudav-**eri**-mus		-**ae**, -**a**	sitis	
	laudav-**eri**-tis			sint	
	laudav-**eri**-nt				
Plusquam- perfekt Indikativ	laudav-**era**-m	*ich hatte*	laudat-**us**,	eram	*ich war*
	laudav-**era**-s	*gelobt*	-**a**, -**um**	eras	*gelobt*
	laudav-**era**-t			erat	*worden*
	laudav-**era**-mus		laudat-i,	eramus	
	laudav-**era**-tis		-**ae**, -**a**	eratis	
	laudav-**era**-nt			erant	

	Aktiv		Passiv		
Plusquam-perfekt Konjunktiv	laudav-**isse**-m laudav-**isse**-s laudav-**isse**-t	*ich hätte* *gelobt*	laudat-**us**, -a, -um	essem esses esset	*ich wäre* *gelobt* *worden*
	laudav-**isse**-mus laudav-**isse**-tis laudav-**isse**-nt		laudat-**i**, -ae, -a	essemus essetis essent	
Futur II	laudav-**er**-o laudav-**eri**-s laudav-**eri**-t	*ich werde* *gelobt* *haben*	laudat-**us**, -a, -um	ero eris erit	*ich werde* *gelobt* *worden* *sein*
	laudav-**eri**-mus laudav-**eri**-tis laudav-**eri**-nt		laudat-**i**, -ae, -a	erimus eritis erunt	

1 Nach *cum* – „als" steht im Lateinischen der Konjunktiv. Der bloße Konjunktiv Perfekt ist im Deutschen nicht direkt nachvollziehbar.

6.2 Die e-Konjugation

Die 2. Konjugation heißt auch die **e-Konjugation**, weil die Verben dieser Konjugation auf **-e-** auslauten:

Die e-Konjugation				
	Aktiv		Passiv	
Präsens Indikativ	mone-o mone-s mone-t	*ich mahne*	mone-or mone-ris mone-tur	*ich werde* *gemahnt*
	mone-mus mone-tis mone-nt		mone-mur mone-mini mone-ntur	
Präsens Konjunktiv	mone-**a**-m mone-**a**-s mone-**a**-t	*ich möge* *mahnen*	mone-**a**-r mone-**a**-ris mone-**a**-tur	*ich möge* *gemahnt werden*
	mone-**a**-mus mone-**a**-tis mone-**a**-nt		mone-**a**-mur mone-**a**-mini mone-**a**-ntur	
Imperativ	mone mone-te	*mahne!* *mahnt!*		

	Aktiv		Passiv		
Imperfekt Indikativ	mone-**ba**-m mone-**ba**-s mone-**ba**-t mone-**ba**-mus mone-**ba**-tis mone-**ba**-nt	*ich mahnte*	mone-**ba**-r mone-**ba**-ris mone-**ba**-tur mone-**ba**-mur mone-**ba**-mini mone-**ba**-ntur	*ich wurde gemahnt*	
Imperfekt Konjunktiv	mone-**re**-m mone-**re**-s mone-**re**-t mone-**re**-mus mone-**re**-tis mone-**re**-nt	*ich würde mahnen*	mone-**re**-r mone-**re**-ris mone-**re**-tur mone-**re**-mur mone-**re**-mini mone-**re**-ntur	*ich würde gemahnt werden*	
Futur I	mone-**b**-o mone-**bi**-s mone-**bi**-t mone-**bi**-mus mone-**bi**-tis mone-**bu**-nt	*ich werde mahnen*	mone-**b**-or mone-**be**-ris mone-**bi**-tur mone-**bi**-mur mone-**bi**-mini mone-**bu**-ntur	*ich werde gemahnt werden*	
Perfekt Indikativ	monu-**i** monu-**isti** monu-**it** monu-**imus** monu-**istis** monu-**erunt**	*ich habe gemahnt*	monit-**us**, -a, -**um** monit-**i**, -**ae**, -a	sum es est sumus estis sunt	*ich bin gemahnt worden*
Perfekt Konjunktiv	cum monu-**eri**-m monu-**eri**-s monu-**eri**-t monu-**eri**-mus monu-**eri**-tis monu-**eri**-nt	*als ich gemahnt habe*	cum monit-**us**, -a, -**um** monit-**i**, -**ae**, -a	sim sis sit simus sitis sint	*als ich gemahnt worden bin*
Plusquam-perfekt Indikativ	monu-**era**-m monu-**era**-s monu-**era**-t monu-**era**-mus monu-**era**-tis monu-**era**-nt	*ich hatte gemahnt*	monit-**us**, -a, -**um** monit-**i**, -**ae**, -a	eram eras erat eramus eratis erant	*ich war gemahnt worden*

	Aktiv		Passiv		
Plusquam- perfekt Konjunktiv	monu-**isse**-m monu-**isse**-s monu-**isse**-t	*ich hätte gemahnt*	monit-**us**, -a, -**um**	essem esses esset	*ich wäre gemahnt worden*
	monu-**isse**-mus monu-**isse**-tis monu-**isse**-nt		monit-**i**, -**ae**, -**a**	essemus essetis essent	
Futur II	monu-**er**-o monu-**eri**-s monu-**eri**-t	*ich werde gemahnt haben*	monit-**us**, -a, -**um**	ero eris erit	*ich werde gemahnt worden sein*
	monu-**eri**-mus monu-**eri**-tis monu-**eri**-nt		monit-**i**, -**ae**, -**a**	erimus eritis erunt	

Im Vergleich mit der a-Konjugation kann man bei der e-Konjugation fest-
stellen, dass statt dem Konjunktiv-Präsens-Signal **-e-** (*laudes* aus *lauda-e-s*
entstanden) das Signal **-a-** steht *(mone-a-s)*. Der Perfektstamm lautet auf
-u- aus: *mon-u-i*.

Übung 21   Übersetzen Sie folgende Formen und setzen Sie sie in die Vergangenheit,
wobei Sie aus *Präsens → Perfekt   Imperfekt → Plusquamperfekt   Futur I →
Futur II* machen. Übersetzen Sie anschließend auch die neu gebildeten Formen.

a) laudamus: *wir loben; laudavimus: wir haben gelobt*

b) laudabantur: _____

c) laudabo: _____

d) cum moneas: _____

e) moneretur: _____

f) monebatis: _____

g) moneor: _____

h) laudaret: _____

i) monebis: _____

j) laudabant: _____

6.3 Die konsonantische Konjugation

Die 3. Konjugation heißt auch die **konsonantische Konjugation**, weil die
meisten Verben der 3. Konjugation auf einen **Konsonanten** auslauten. Am
besten erkennt man, dass das Verbum nicht auf einen Vokal, sondern einen
Konsonanten auslautet, am Partizip Perfekt Passiv: *rec-tus* (im Gegensatz zu
ama-tus, moni-tus, audi-tus). Das *-e-*, etwa in *reg-e-re*, gehört hier nicht zum
Stamm, sondern verbindet nur den Stamm mit der Endung (Bindevokal).

Die konsonantische Konjugation

	Aktiv		Passiv	
Präsens Indikativ	reg-o reg-**i**-s reg-**i**-t	*ich leite*	reg-or reg-**e**-ris reg-**i**-tur	*ich werde geleitet*
	reg-**i**-mus reg-**i**-tis reg-**u**-nt		reg-**i**-mur reg-**i**-mini reg-**u**-ntur	
Präsens Konjunktiv	reg-**a**-m reg-**a**-s reg-**a**-t	*ich möge leiten*	reg-**a**-r reg-**a**-ris reg-**a**-tur	*ich möge geleitet werden*
	reg-**a**-mus reg-**a**-tis reg-**a**-nt		reg-**a**-mur reg-**a**-mini reg-**a**-ntur	
Imperativ	reg-e reg-i-te	*leite!* *leitet!*		
Imperfekt Indikativ	reg-**e**-**ba**-m reg-**e**-**ba**-s reg-**e**-**ba**-t	*ich leitete*	reg-**e**-**ba**-r reg-**e**-**ba**-ris reg-**e**-**ba**-tur	*ich wurde geleitet*
	reg-**e**-**ba**-mus reg-**e**-**ba**-tis reg-**e**-**ba**-nt		reg-**e**-**ba**-mur reg-**e**-**ba**-mini reg-**e**-**ba**-ntur	
Imperfekt Konjunktiv	reg-**e**-**re**-m reg-**e**-**re**-s reg-**e**-**re**-t	*ich würde leiten*	reg-**e**-**re**-r reg-**e**-**re**-ris reg-**e**-**re**-tur	*ich würde geleitet werden*
	reg-**e**-**re**-mus reg-**e**-**re**-tis reg-**e**-**re**-nt		reg-**e**-**re**-mur reg-**e**-**re**-mini reg-**e**-**re**-ntur	

	Aktiv		Passiv		
Futur I	reg-**a**-m reg-**e**-s reg-**e**-t reg-**e**-mus reg-**e**-tis reg-**e**-nt	*ich werde* *leiten*	reg-**a**-r reg-**e**-ris reg-**e**-tur reg-**e**-mur reg-**e**-mini reg-**e**-ntur		*ich werde* *geleitet werden*
Perfekt Indikativ	rex-**i** rex-**isti** rex-**it** rex-**imus** rex-**istis** rex-**erunt**	*ich habe* *geleitet*	rect-**us**, -**a**, -**um** rect-**i**, -**ae**, -**a**	sum es est sumus estis sunt	*ich bin* *geleitet* *worden*
Perfekt Konjunktiv	cum rex-**eri**-m rex-**eri**-s rex-**eri**-t rex-**eri**-mus rex-**eri**-tis rex-**eri**-nt	*als ich* *geleitet habe*	cum rect-**us**, -**a**, -**um** rect-**i**, -**ae**, -**a**	sim sis sit simus sitis sint	*als ich* *geleitet* *worden* *bin*
Plusquam- perfekt Indikativ	rex-**era**-m rex-**era**-s rex-**era**-t rex-**era**-mus rex-**era**-tis rex-**era**-nt	*ich hatte* *geleitet*	rect-**us**, -**a**, -**um** rect-**i**, -**ae**, -**a**	eram eras erat eramus eratis erant	*ich war* *geleitet* *worden*
Plusquam- perfekt Konjunktiv	rex-**isse**-m rex-**isse**-s rex-**isse**-t rex-**isse**-mus rex-**isse**-tis rex-**isse**-nt	*ich hätte* *geleitet*	rect-**us**, -**a**, -**um** rect-**i**, -**ae**, -**a**	essem esses esset essemus essetis essent	*ich wäre* *geleitet* *worden*
Futur II	rex-**er**-o rex-**eri**-s rex-**eri**-t rex-**eri**-mus rex-**eri**-tis rex-**eri**-nt	*ich werde* *geleitet* *haben*	rect-**us**, -**a**, -**um** rect-**i**, -**ae**, -**a**	ero eris erit erimus eritis erunt	*ich werde* *geleitet* *worden sein*

Die 3. Konjugation hat als Futursignal anstatt **-bi-** :

    1. Person Singular **-a-**:   reg-a-m
    für die anderen Personen **-e-**: reg-e-mus

Die Form *reg-e-ris* kann zwei Bedeutungen haben:
- 2. Person Singular Präsens Indikativ Passiv: „Du wirst geleitet."
  (In diesem Fall handelt es sich um den kurzen Bindevokal -ĕ-.)
- 2. Person Singular Futur Passiv: „Du wirst geleitet werden."
  (In diesem Fall handelt es sich um ein langes -ē-, das Signal für Futur).

ung 22   Identifizieren Sie die Verbformen, die nicht in die Reihen passen, und begründen Sie kurz Ihre Entscheidung.

a) regebas   rexi   rexeritis   rexit

b) regimur   regebar   rexisti   recti sunt

c) regamus   regemus   recti essemus   rexerit

6.4 Die kurzvokalischen i-Stämme der 3. Konjugation

Den i-Stämmen der 3. Konjugation gehören Verben an, die ursprünglich auf -i-auslauteten. Dieser **Stammausgang -i-** ist noch in vielen Endungen enthalten.

Die i-Stämme der konsonantischen Konjugation

	Aktiv		Passiv	
Präsens Indikativ	capi-o capi-**u**-nt	*ich ergreife*	capi-or capi-**u**-ntur	*ich werde ergriffen*
Präsens Konjunktiv	capi-**a**-m capi-**a**-s capi-**a**-t capi-**a**-mus capi-**a**-tis capi-**a**-nt	*ich möge ergreifen*	capi-**a**-r capi-**a**-ris capi-**a**-tur capi-**a**-mur capi-**a**-mini capi-**a**-ntur	*ich möge ergriffen werden*
Imperfekt Indikativ	capi-**e-ba**-m capi-**e-ba**-s capi-**e-ba**-t capi-**e-ba**-mus capi-**e-ba**-tis capi-**e-ba**-nt	*ich ergriff*	capi-**e-ba**-r capi-**e-ba**-ris capi-**e-ba**-tur capi-**e-ba**-mur capi-**e-ba**-mini capi-**e-ba**-ntur	*ich wurde ergriffen*

	Aktiv		Passiv	
Futur I	capi-**a**-m	*ich werde*	capi-**a**-r	*ich werde*
	capi-**e**-s	*ergreifen*	capi-**e**-ris	*ergriffen*
	capi-**e**-t		capi-**e**-tur	*werden*
	capi-**e**-mus		capi-**e**-mur	
	capi-**e**-tis		capi-**e**-mini	
	capi-**e**-nt		capi-**e**-ntur	

Für alle Verben der 3. Konjugation gilt:

Es gibt für die Verben der 3. Konjugation keine einheitliche Bildung des aktiven Perfekt-stammes und des Partizip Perfekt Passiv. Damit gehören alle Verben der 3. Konjugation zu den **unregelmäßigen Verben**.

6.5 Die i-Konjugation

Die 4. Konjugation heißt auch die **i-Konjugation**, weil die Verben der 4. Konjugation auf **-i-** auslauten.

Die i-Konjugation				
	Aktiv		Passiv	
Präsens Indikativ	audi-o	*ich höre*	audi-or	*ich werde*
	audi-s		audi-ris	*gehört*
	audi-t		audi-tur	
	audi-mus		audi-mur	
	audi-tis		audi-mini	
	audi-u-nt		audi-u-ntur	
Präsens Konjunktiv	audi-**a**-m	*ich möge*	audi-**a**-r	*ich möge*
	audi-**a**-s	*hören*	audi-**a**-ris	*gehört werden*
	audi-**a**-t		audi-**a**-tur	
	audi-**a**-mus		audi-**a**-mur	
	audi-**a**-tis		audi-**a**-mini	
	audi-**a**-nt		audi-**a**-ntur	
Imperativ	audi	*höre!*		
	audi-te	*hört!*		

	Aktiv		Passiv		
Imperfekt Indikativ	audi-**e-ba**-m	*ich hörte*	audi-**e-ba**-r	*ich wurde gehört*	
	audi-**e-ba**-s		audi-**e-ba**-ris		
	audi-**e-ba**-t		audi-**e-ba**-tur		
	audi-**e-ba**-mus		audi-**e-ba**-mur		
	audi-**e-ba**-tis		audi-**e-ba**-mini		
	audi-**e-ba**-nt		audi-**e-ba**-ntur		
Imperfekt Konjunktiv	audi-**re**-m	*ich würde hören*	audi-**re**-r	*ich würde gehört werden*	
	audi-**re**-s		audi-**re**-ris		
	audi-**re**-t		audi-**re**-tur		
	audi-**re**-mus		audi-**re**-mur		
	audi-**re**-tis		audi-**re**-mini		
	audi-**re**-nt		audi-**re**-ntur		
Futur I	audi-**a**-m	*ich werde hören*	audi-**a**-r	*ich werde gehört werden*	
	audi-**e**-s		audi-**e**-ris		
	audi-**e**-t		audi-**e**-tur		
	audi-**e**-mus		audi-**e**-mur		
	audi-**e**-tis		audi-**e**-mini		
	audi-**e**-nt		audi-**e**-ntur		
Perfekt Indikativ	audiv-**i**	*ich habe gehört*	audit-**us**, -a, -**um**	sum es est	*ich bin gehört worden*
	audiv-**isti**				
	audiv-**it**				
	audiv-**imus**		audit-**i**, -**ae**, -**a**	sumus estis sunt	
	audiv-**istis**				
	audiv-**erunt**				
Perfekt Konjunktiv	cum	*als ich gehört habe*	cum audit-**us**, -a, -**um**	sim sis sit	*als ich gehört worden bin*
	audiv-**eri**-m				
	audiv-**eri**-s				
	audiv-**eri**-t		audit-**i**, -**ae**, -**a**	simus sitis sint	
	audiv-**eri**-mus				
	audiv-**eri**-tis				
	audiv-**eri**-nt				
Plusquam-perfekt Indikativ	audiv-**era**-m	*ich hatte gehört*	audit-**us**, -a, -**um**	eram eras erat	*ich war gehört worden*
	audiv-**era**-s				
	audiv-**era**-t				
	audiv-**era**-mus		audit-**i**, -**ae**, -**a**	eramus eratis erant	
	audiv-**era**-tis				
	audiv-**era**-nt				

	Aktiv		Passiv		
Plusquam- perfekt Konjunktiv	audiv-**isse**-m audiv-**isse**-s audiv-**isse**-t	*ich hätte gehört*	audit-**us**, -a, -**um**	essem esses esset	*ich wäre gehört worden*
	audiv-**isse**-mus audiv-**isse**-tis audiv-**isse**-nt		audt-**i**, -**ae**, -a	essemus essetis essent	
Futur II	audiv-**er**-o audiv-**eri**-s audiv-**eri**-t	*ich werde gehört haben*	audit-**us**, -a, -**um**	ero eris erit	*ich werde gehört worden sein*
	audiv-**eri**-mus audiv-**eri**-tis audiv-**eri**-nt		audit-**i**, -**ae**, -a	erimus eritis erunt	

Die i-Konjugation hat wie die 3. Konjugation als Futursignal ein -e-: *audi-e-mus*. Die 1. Person Singular Futur hat als Ausnahme -a- statt -e-: *audi-a-m*. Damit sieht die 1. Person Singular Futur aus wie der Konjunktiv Präsens:

Es gibt also zwei Bedeutungen für *audi-a-m*:

- ich werde hören
  (Futur 1)
- ich möge hören
  (Konjunktiv Präsens)

Darstellung der kreisförmig um die personifizierte Philosophie angeordneten septem artes liberales (Grammatik, Rhetorik, Dialektik, Musik, Arithmetik, Geometrie, Astronomie) aus dem „Hortus deliciarum" der Herrad von Landsberg (um 1180).

bung 23   Prüfen Sie, ob folgende Verbformen im *Indikativ* oder *Konjunktiv* stehen, und füllen Sie sie in den richtigen Behälter ab.

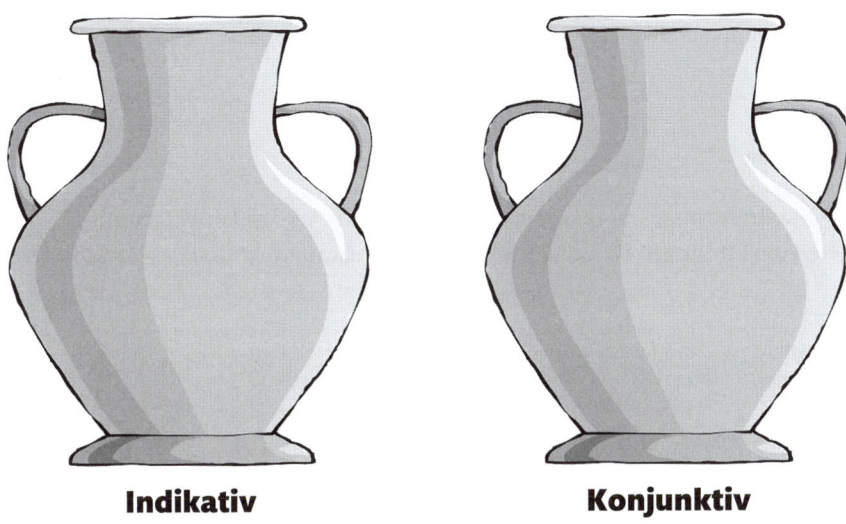

Indikativ   **Konjunktiv**

capiunt · laudatis · mitteret· regent · augeamus · dubitemus · docuisses · ponas
laudatus esset · miseras · prohibui · duxero · docuerim · movisti · paratus est

bung 24   Bestimmen Sie folgende Verbformen, indem Sie *Person, Numerus, Modus, Tempus* und *Genus Verbi* angeben. Bei den mit Stern (*) gekennzeichneten Formen gibt es zwei Möglichkeiten.

a) amavissent   *3. Person Plural, Konjunktiv, Plusquamperfekt, Aktiv*

b) caperes   _____

c) monitus sis   _____

d) capiam*   _____

e) monebunt   _____

f) regeris*   _____

g) audivisti   _____

h) recti essent   _____

i) audiuntur   _____

j) capiebam   _____

6.6 Konjugationstabellen weiterer Verben

Bevor die unregelmäßigen Verben behandelt werden, zur Wiederholung die Konjugationstabellen einiger Verben, die sich in keine der vier Konjugationen einreihen lassen: Es sind sozusagen Einzelgänger.

6.6.1 esse

Die Stammformen lauten: **esse, sum, fui – sein**. An den Perfektstamm *fu-* treten die Endungen für das Perfekt, das Plusquamperfekt und das Futur II.

esse					
Präsens Indikativ	**s-u-m** **es** **es**-t **s-u**-mus **es**-tis **s-u**-nt	*ich bin*	Imperfekt Indikativ	**er-a-m** **er-a**-s **er-a**-t **er-a**-mus **er-a**-tis **er-a**-nt	*ich war*
Präsens Konjunktiv	**s-i-m** **s-i**-s **s-i**-t **s-i**-mus **s-i**-tis **s-i**-nt	*ich sei, möge sein*	Imperfekt Konjunktiv	**es-se**-m **es-se**-s **es-se**-t **es-se**-mus **es-se**-tis **es-se**-nt	*ich wäre, würde sein*
Imperativ	**es** **es**-te	*sei! seid!*	Futur I	**er-o** **er-i**-s **er-i**-t **er-i**-mus **er-i**-tis **er-u**-nt	*ich werde sein*

Übung 25 Finden Sie den jeweiligen Irrläufer in den folgenden Reihen und begründen Sie Ihre Wahl.

a) estis fuistis eratis sum eritis

b) sim essent erat fueris fuissemus

c) fuimus fuero fuistis fuisti fuerunt

Übung 26 Bilden Sie Formen von *esse*, indem Sie die Zahlencodes entschlüsseln.

Die **erste** Ziffer steht für die *Person* (1: 1. Person., 2: 2. Person, 3: 3. Person)
die **zweite** für den *Numerus* (1: Sg., 2: Pl.)
die **dritte** für den *Modus* (1: Indikativ, 2: Konjunktiv).
die **vierte** für das *Tempus* (1: Prä., 2: F I, 3: Imp., 4: Perf., 5: Plusqu., 6: F II)

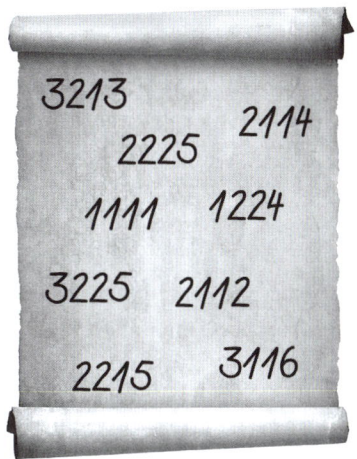

3213
    2225   2114
      1111   1224
3225 2112
   2215   3116

3213 = erant

6.6.2 posse

Ein Kompositum von *esse* ist *posse*, entstanden aus *pot-esse.* Die Stammformen
lauten: **posse, possum, potui – können.**

posse					
Präsens Indikativ	**pos**-sum	*ich kann*	Präsens Konjunktiv	**pos**-sim	*ich möge können*
	pot-es			**pos**-sis	
	pot-est			**pos**-sit	
	pos-sumus			**pos**-simus	
	pot-estis			**pos**-sitis	
	pos-sunt			**pos**-sint	
Imperfekt Indikativ	**pot**-eram	*ich konnte*	Imperfekt Konjunktiv	**posse**-m	*ich würde können*
	pot-eras			**posse**-s	
	pot-erat			**posse**-t	
	pot-eramus			**posse**-mus	
	pot-eratis			**posse**-tis	
	pot-erant			**posse**-nt	

posse		
Futur I	**pot**-ero **pot**-eris **pot**-erit	*ich werde können*
	pot-erimus **pot**-eritis **pot**-erint	

Übung 27 Setzen Sie folgende Formen von *posse* in den Plural.

a) potes b) potuisti c) poterat
d) potuerat e) possis f) potuero

Übung 28 Setzen Sie die Bausteine so zusammen, dass Formen von *posse* entstehen, und bestimmen Sie diese anschließend.

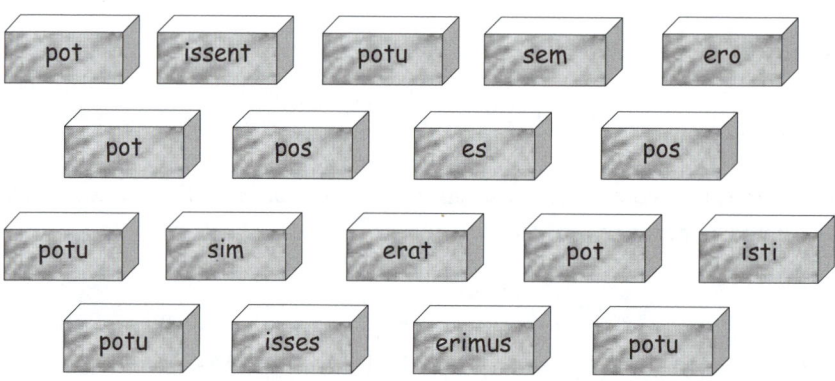

potes: 2. Person Singluar, Indikativ, Präsens

6.6.3 ferre

Die Stammformen lauten: **ferre, fero, tuli, latum – tragen, bringen**

ferre				
	Aktiv		**Passiv**	
Präsens Indikativ	fer-o fer-s fer-t fer-**i**-mus fer-tis fer-**u**-nt	*ich trage*	fer-or fer-ris fer-tur fer-**i**-mur fer-**i**-mini fer-**u**-ntur	*ich werde getragen*
Präsens Konjunktiv	fer-**a**-m fer-**a**-s fer-**a**-t fer-**a**-mus fer-**a**-tis fer-**a**-nt	*ich möge tragen*	fer-**a**-r fer-**a**-ris fer-**a**-tur fer-**a**-mur fer-**a**-mini fer-**a**-ntur	*ich möge getragen werden*
Imperativ	fer fer-te	*trag!* *tragt!*		
Imperfekt Indikativ	fer-**e**-**ba**-m fer-**e**-**ba**-s fer-**e**-**ba**-t fer-**e**-**ba**-mus fer-**e**-**ba**-tis fer-**e**-**ba**-nt	*ich trug*	fer-**e**-**ba**-r fer-**e**-**ba**-ris fer-**e**-**ba**-tur fer-**e**-**ba**-mur fer-**e**-**ba**-mini fer-**e**-**ba**-ntur	*ich wurde getragen*
Imperfekt Konjunktiv	fer-**re**-m fer-**re**-s fer-**re**-t fer-**re**-mus fer-**re**-tis fer-**re**-nt	*ich würde tragen*	fer-**re**-r fer-**re**-ris fer-**re**-tur fer-**re**-mur fer-**re**-mini fer-**re**-ntur	*ich würde getragen werden*
Futur I	fer-**a**-m fer-**e**-s fer-**e**-t fer-**e**-mus fer-**e**-tis fer-**e**-nt	*ich werde tragen*	fer-**a**-r fer-**e**-ris fer-**e**-tur fer-**e**-mur fer-**e**-mini fer-**e**-ntur	*ich werde getragen werden*

Übung 29 Bestimmen Sie folgende Formen von *ferre* und suchen Sie anschließend das passende Gegenstück aus dem Kreis.

ferat

tulerunt

ferret

feres

lati sumus

ferimini

fert

tulisset

portabis　　　existimaverunt

laudamini　　　regeret

servet　　　est

docuisset　　　missi sumus

6.6.4 fieri

Das sonst aktiv konjugierte Verbum hat nur im Infinitiv die Passivendung **-ri**.
Die Stammformen lauten: **fieri, fio, factus sum – werden**

fieri					
Präsens Indikativ	fi-o fi-s fi-t fi-mus fi-tis fi-**u**-nt	*ich werde*	Imperfekt Indikativ	fi-e-**ba**-m fi-e-**ba**-s fi-e-**ba**-t fi-e-**ba**-mus fi-e-**ba**-tis fi-e-**ba**-nt	*ich wurde*
Präsens Konjunktiv	fi-**a**-m fi-**a**-s fi-**a**-t fi-**a**-mus fi-**a**-tis fi-**a**-nt	*ich möge werden*	Imperfekt Konjunktiv	fi-e-**re**-m fi-e-**re**-s fi-e-**re**-t fi-e-**re**-mus fi-e-**re**-tis fi-e-**re**-nt	*ich würde werden*
Imperativ	fi fi-te	*werde!* *werdet!*	Futur I	fi-**a**-m fi-**e**-s fi-**e**-t fi-**e**-mus fi-**e**-tis fi-**e**-nt	*ich werde werden*

Übung 30 Übersetzen Sie folgende Sätze ins Deutsche.

a) Herostratus vir clarus fiebat, postquam templum Dianae Ephesi incendit.

_____

_____

b) Post aetatem calidam (calidus, -a, -um: *heiß*) hiems frigida fiet.

_____

_____

c) Cicero, cum homo novus esset, tamen consul factus est.

_____

_____

6.6.5 velle, nolle, malle

Die Stammformen lauten:
velle, volo, volui – wollen
nolle, nolo, nolui – nicht wollen
malle, malo, malui – lieber wollen

velle, nolle, malle			
Präsens Indikativ	volo	nolo	malo
	vis	**non vis**	**mavis**
	vult	**non vult**	**mavult**
	volumus	nolumus	malumus
	vultis	**non vultis**	**mavultis**
	volunt	nolunt	malunt
Präsens Konjunktiv	velim	nolim	malim
	velis	nolis	malis
	velit	nolit	malit
	velimus	nolimus	malimus
	velitis	nolitis	malitis
	velint	nolint	malint
Imperativ		noli	
		noli-te	

Imperfekt Indikativ	volebam	nolebam	malebam
	volebas	nolebas	malebas
	volebat	nolebat	malebat
	volebamus	nolebamus	malebamus
	volebatis	nolebatis	malebatis
	volebant	nolebant	malebant
Imperfekt Konjunktiv	vellem	nollem	mallem
	velles	nolles	malles
	vellet	nollet	mallet
	vellemus	nollemus	mallemus
	velletis	nolletis	malletis
	vellent	nollent	mallent
Futur I	volam	nolam	malam
	voles	noles	males
	volet	nolet	malet
	volemus	nolemus	malemus
	voletis	noletis	maletis
	volent	nolent	malent

Übung 31   Finden Sie im Wortsalat zehn Formen von *esse, fieri* und *velle/nolle/malle.*

mittitessembenevoleamagimurfita

fiessumuspepercimavistutenollet

mavitisexmalumusstatfuimtetigit

donareferrenturpostvolamtuvoli

6.6.6 ire

Die Stammformen lauten: **ire, eo, ii, itum – gehen**

ire					
Präsens Indikativ	e-o i-s i-t i-mus i-tis e-**u**-nt	*ich gehe*	Präsens Konjunktiv	e-a-m e-a-s e-a-t e-a-mus e-a-tis e-a-nt	*ich möge gehen*
Imperfekt Indikativ	i-**ba**-m i-**ba**-s i-**ba**-t i-**ba**-mus i-**ba**-tis i-**ba**-nt	*ich ging*	Imperfekt Konjunktiv	i-**re**-m i-**re**-s i-**re**-t i-**re**-mus i-**re**-tis i-**re**-nt	*ich würde gehen*
Imperativ	i i-te	*geh!* *geht!*	Futur I	i-**b**-o i-**bi**-s i-**bi**-t i-**bi**-mus i-**bi**-tis i-**bu**-nt	*ich werde gehen*

Übung 32 Bilden Sie Paare, indem Sie die Formen von *cedere* (gehen) mit den entsprechenden Formen von *ire* kombinieren.

Ê	cedunt	Ë	cesserat	a	ibas	b	ite
Ì	cedamus	Í	cederet	c	iret	d	ibit
Î	cedite	Ï	cedebas	e	ierat	f	iit
Đ	cedet	Ñ	cessit	g	eamus	h	eunt

Übung 33 Geben Sie bei folgenden Verbformen den zugehörigen Infinitiv Präsens an.

a) vis: _____

b) malles: _____

c) nolebatis: _____

d) fite: _____

e) sumus: _____

f) potestis: _____

g) tulistis: _____

h) i: _____

6.7 Unregelmäßige Verben aller Konjugationen

Bekanntlich sind die „unregelmäßigen Verben" insofern unregelmäßig, als sie sich im aktiven Perfektstamm und beim Partizip Perfekt Passiv von der regelmäßigen Formenbildung ihrer Konjugationen unterscheiden, z. B.

regelmäßig: audire audio audivi auditum – *hören*
aber: vincire vincio vinxi   vinctum – *fesseln*

Zu den unregelmäßigen Verben zählen auch die Deponentia der verschiedenen Konjugationen. Deponentia haben passive Endungen, aber aktive Bedeutung:

polliceri polliceor pollicitus sum – *versprechen*

Die Semi-Deponentia (= „Halb-Deponentia") haben nur im Perfekt, Plusquamperfekt und Futur II passive Endungen. Auch sie haben aktive Bedeutung:

audere audeo ausus sum – *wagen*

Hier werden, von einigen wichtigen Ausnahmen abgesehen, nicht die zusammengesetzten unregelmäßigen Verben (Komposita: z. B. *con-cedere*) behandelt, sondern meist nur die einfachen (Simplicia: z. B. *cedere*). Vom Simplex aus kann meist die Grundbedeutung des Kompositums leicht erschlossen werden. Zur Entschlüsselung von Komposita sind folgende Regeln sehr nützlich:

Meist kann man aus der Vorsilbe eines Kompositums seine Bedeutung ermitteln:
Eine vorgeschaltete **Präposition behält** oft ihre **Bedeutung** bei.

Beispiele:	*ducere*	führen	*ab-ducere*	wegführen
	ponere	setzen	*com-(= cum-)ponere*	zusammensetzen, vergleichen

Die Vorsilben **dis-** und **se-** kennzeichnen eine **Trennung**.

Beispiele:	*cernere*	sichten	*dis-cernere*	unterscheiden
	cedere	gehen	*se-cedere*	weggehen

Die Vorsilbe **re-** bedeutet „**zurück**".

Beispiel:	*vertere*	wenden	*re-vertere*	zurück-, umwenden

Von den unregelmäßigen Verben werden im Folgenden jeweils die Stammformen angegeben, welche den Präsens-, den Perfekt- und den Stamm des Partizips bezeichnen. Bei einem fehlenden Partizip Perfekt Passiv steht das Partizip Futur Aktiv auf -urus, falls es gebräuchlich ist.

Infinitiv Präsens Aktiv	Deutsche Bedeutung	1. Pers. Sing. Ind. Präs.	1. Pers. Sing. Ind. Perf.	Part. Perf. Pass.
cedere	*gehen*	cedo ced-: Präsensstamm	cessi cess-: Perfektstamm	cessum ces-: Stamm des Partizips

Unregelmäßige Verben der a-Konjugation

dare	*geben*	do	dedi	datum
stare	*stehen*	sto	steti	staturus

Unregelmäßige Verben der e-Konjugation

docere	*lehren*	doceo	docui	doctum
miscere	*mischen*	misceo	miscui	mixtum
tenere	*halten*	teneo	tenui	–
iubere	*befehlen*	iubeo	iussi	iussum
suadere	*raten*	suadeo	suasi	suasum
persuadere	*überreden, überzeugen*	persuadeo	persuasi	persuasum
ardere	*glühen*	ardeo	arsi	arsurus
haerere	*hängen*	haereo	haesi	haesurus
manere	*bleiben*	maneo	mansi	mansurus
respondere	*antworten*	respondeo	respondi	responsum
sedere	*sitzen*	sedeo	sedi	sessum
videre	*sehen*	video	vidi	visum
videri	*scheinen*	videor	visus sum	
movere	*bewegen*	moveo	movi	motum
polliceri	*versprechen*	polliceor	pollicitus sum	
reri	*rechnen, meinen*	reor	ratus sum	
tueri	*schützen*	tueor	(tutatus sum)	
audere	*wagen*	audeo	ausus sum	
gaudere	*sich freuen*	gaudeo	gavisus sum	

i-Konjugation

aperire	*öffnen*	aperio	aperui	apertum
sentire	*fühlen, meinen*	sentio	sensi	sensum
venire	*kommen*	venio	veni	ventum
reperire	*finden*	reperio	repperi	repertum
comperire	*erfahren*	comperio	comperi	compertum

Konsonantenstämme der 3. Konjugation

sinere	*lassen*	sino	sivi	situm
ponere	*setzen, stellen, legen*	pono	posui	positum

Infinitiv Präsens Aktiv	Deutsche Bedeutung	1. Pers. Sing. Ind. Präs.	1. Pers. Sing. Ind. Perf.	Part. Perf. Pass.
cernere	sehen	cerno	(crevi)	–
discernere	unterscheiden	discerno	discrevi	discretum
quaerere	suchen, fragen	quaero	quaesivi	quaesitum
petere	erstreben, erbitten	peto	petivi	petitum
alere	ernähren, fördern	alo	alui	altum
colere	bebauen, pflegen, ehren	colo	colui	cultum
serere	reihen	sero	serui	sertum
disserere	erörtern	dissero	disserui	(disputatum)
scribere	schreiben	scribo	scripsi	scriptum
regere	lenken	rego	rexi	rectum
dicere	sagen	dico	dixi	dictum
ducere	führen	duco	duxi	ductum
trahere	ziehen	traho	traxi	tractum
iungere	verbinden	iungo	iunxi	iunctum
fingere	bilden, formen, erdichten	fingo	finxi	fictum
figere	anheften	figo	fixi	fixum
flectere	beugen	flecto	flexi	flexum
dividere	teilen	divido	divisi	divisum
mittere	schicken	mitto	misi	missum
cedere	gehen, weichen	cedo	cessi	cessum
gerere	tragen, ausführen	gero	gessi	gestum
contemnere	verachten	contemno	contempsi	contemptum
cadere	fallen	cado	cecidi	casurus
caedere	fällen	caedo	cecidi	caesum
pendere	aufhängen	pendo	pependi	pensum
fallere	täuschen	fallo	fefelli	(deceptum)
pellere	(ver)treiben	pello	pepuli	pulsum
tangere	berühren	tango	tetigi	tactum
tendere	spannen	tendo	tetendi	tentum
contendere	sich anstrengen, eilen, kämpfen, behaupten	contendo	contendi	contentum
tradere	übergeben, überliefern	trado	tradidi	traditum

Infinitiv Präsens Aktiv	Deutsche Bedeutung	1. Pers. Sing. Ind. Präs.	1. Pers. Sing. Ind. Perf.	Part. Perf. Pass.
credere	anvertrauen, glauben	credo	credidi	creditum
tollere	aufheben, beseitigen	tollo	sustuli	sublatum
agere	betreiben, tun, verhandeln	ago	egi	actum
legere	sammeln, lesen	lego	legi	lectum
intellegere	einsehen	intellego	intellexi	intellectum
sumere	nehmen	sumo	sumpsi	sumptum
relinquere	zurücklassen	relinquo	reliqui	relictum
fundere	ausgießen, zerstreuen	fundo	fudi	fusum
accendere	anzünden	accendo	accendi	accensum
ascendere	ersteigen	ascendo	ascendi	ascensum
descendere	herabsteigen	descendo	descendi	descensum
prehendere	ergreifen	prehendo	prehendi	prehensum
vertere	wenden	verto	verti	versum
statuere	aufstellen, festsetzen, beschließen	statuo	statui	statutum
metuere	fürchten	metuo	metui	–
solvere	lösen, zahlen	solvo	solvi	solutum
volvere	wälzen	volvo	volvi	volutum
struere	schichten, bauen	struo	struxi	structum
vivere	leben	vivo	vixi	victurus
discere	lernen	disco	didici	–
crescere	wachsen	cresco	crevi	–
consuescere	sich gewöhnen	consuesco	consuevi	–
noscere	kennenlernen	nosco	novi	notum
cognoscere	erkennen	cognosco	cognovi	cognitum
uti	gebrauchen	utor	usus sum	
fungi	verrichten, verwalten	fungor	functus sum	
queri	klagen	queror	questus sum	
sequi	folgen	sequor	secutus sum	
adipisci	erlangen, erreichen	adipiscor	adeptus sum	
nancisci	erlangen, erhalten	nanciscor	na(n)ctus sum	
nasci	geboren werden	nascor	natus sum	

Infinitiv Präsens Aktiv	Deutsche Bedeutung	1. Pers. Sing. Ind. Präs.	1. Pers. Sing. Ind. Perf.	Part. Perf. Pass.
oblivisci	*vergessen*	obliviscor	oblitus sum	
proficisci	*aufbrechen, marschieren*	proficiscor	profectus sum	

Unregelmäßige Verben der i-Stämme der 3. Konjugation

cupere	*begehren, wünschen*	cupio	cupivi	cupitum
rapere	*rauben, an sich reißen*	rapio	rapui	raptum
parere	*gebären, hervorbringen, erwerben*	pario	peperi	partum
capere	*fassen, ergreifen, besetzen*	capio	cepi	captum
facere	*machen, tun*	facio	feci	factum
iacere	*werfen*	iacio	ieci	iactum
gradi	*schreiten*	gradior	gressus sum	
pati	*leiden, erdulden*	patior	passus sum	
oriri	*sich erheben, entstehen, abstammen*	orior	ortus sum	

Übung 34 Versuchen Sie, die Bedeutung folgender Komposita zu erschließen.

a) amovere b) expellere c) opponere

d) edere e) convenire f) satisfacere

Übung 35 Bilden Sie aus den angegebenen Silben die lateinische Form der gesuchten Verbformen. Die mit Zahlen gekennzeichneten Buchstaben ergeben in der richtigen Reihenfolge ein lateinisches Sprichwort.

A – A – AD – AMA – BAT – BU – CANT – CU – DA – ERA – E – E – ERI – ERO – ERO – ERUNT – EST – FU – I – I – IM – ISTI – ISTIS – IU – LAUD – LAUDA – MON – MUR – MUS – MUS – NS – PLE – POT – PROD – PRAE – PER – RE – RE – SSES – STIT – TI – TIS – TUS – TUM – UERUNT – V

a) lasst uns loben

	8			2			

b) es ist nützlich

				5	

c) wir waren abwesend gewesen

							4	

d) gebend

	10	

e) ihr werdet singen können

11	3				/	21						

f) wir würden gemahnt werden

1						16	

g) sie werden gelobt worden sein

6					/		7	

h) angefüllt

9						

i) ihr seid gelegen

			18			

j) du wärest gegangen

	17	

k) ich (männlich) werde unterstützt worden sein

					/		12	

l) sie haben erwiesen

14								20	

m) du hast geliebt

19						

n) er ging zugrunde

	13				

o) ich werde sein

	15	

Lösungssatz

1	2	3	4	5	6	7	8	9	10	11	12	13	14	15	16	17	18	19	20	21

Satzlehre

7 Das lateinische Satzmodell

7.1 Das Grundmodell

Sowohl das Deutsche als auch das Lateinische gehören der indoeuropäischen Sprachfamilie an, es handelt sich also um verwandte Sprachen. Das hat den Vorteil, dass sich die Satzmodelle beider Sprachen gleichen.

Allen, selbst den kompliziertesten lateinischen Sätzen liegen drei einfache Modelle zugrunde:
Subjekt + Prädikat
Subjekt + Objekt + Prädikat
Subjekt + Objekt + Objekt + Prädikat

- **Subjekt + Prädikat**
  Puellae   ambulant.
  Die Mädchen gehen spazieren.

  Dieses Satzmodell liegt vor, wenn als Prädikat ein sogenanntes einwertiges Verbum steht, das nur **eine** sogenannte Leerstelle öffnet: für das **Subjekt**.

- **Subjekt + Objekt + Prädikat**
  Magister   discipulos laudat.
  Der Lehrer lobt die Schüler.

  Hostes   castris   appropinquabant.
  Die Feinde näherten sich dem Lager.

  Homines pace   fruuntur.
  Die Menschen genießen den Frieden.

  Hier öffnen zweiwertige Verben **zwei** Leerstellen, eine für das **Subjekt**, eine für ein **Objekt:**
  discipulos: Akkusativobjekt
  castris: Dativobjekt
  pace: Ablativobjekt

Den Ablativ gibt es im Deutschen nicht. Man sollte sich die lateinischen Verben, die den **Ablativ** regieren, einprägen:

carere		entbehren
egere		brauchen
uti	**mit Ablativ**	benutzen
fungi		verwalten
frui		genießen
potiri		sich bemächtigen

Übung 36 Schreiben Sie das Satzmodell neben folgende Sätze und übersetzen Sie diese.

a) Canes clamant. _____

b) Servi et servae dominis serviunt. _____

c) Adulescens amicam desiderat. _____

Eine Schwierigkeit beim Übersetzen ergibt sich daraus, dass manche zweiwertigen Verben im Lateinischen einen anderen Kasus regieren als im Deutschen.

Amici **nos** adiuvant. **(Akk.)**
Die Freunde helfen <u>uns</u>. (Dat.)

Patroni **clientibus** favent. **(Dat.)**
Die Patrone begünstigen <u>ihre Klienten</u>. (Akk.)

Tyranni **humanitatis** obliviscuntur. **(Gen.)**
Tyrannen vergessen <u>die Menschlichkeit</u>. (Akk.)

Folgende Verben regieren einen anderen Kasus als im Deutschen:

adiuvare		helfen
fugere		entfliehen
deficere	**mit Akkusativ**	fehlen
decet		es ziemt sich
fallit, fugit		es entgeht
parcere		schonen, sparen
favere		begünstigen
studere	**mit Dativ**	erstreben
invidere		beneiden
persuadere		überreden, überzeugen
oblivisci		vergessen
misereri	**mit Genitiv**	bemitleiden
meminisse		sich erinnern an

- **Subjekt + Objekt + Objekt + Prädikat**

Helvetii   finitimis bellum   intulerunt.

Die Helvetier überzogen ihre Nachbarn mit Krieg[1].

1 Wörtlich: *Die Helvetier brachten ihren Nachbarn Krieg.*

Das dreiwertige Verbum öffnet **drei** Leerstellen: eine für das **Subjekt**, zwei für **zwei Objekte**.

Auch hier gibt es Verben mit einer zum Deutschen unterschiedlichen Konstruktion, die man sich merken sollte. Es handelt sich um sogenannte **unpersönliche Verben in der 3. Person Singular**. Hier steckt das Subjekt („es") im Prädikat:

$$\text{Akkusativ} + \left\{ \begin{array}{l} \text{paenitet} - \text{es reut} \\ \text{pudet} - \text{es beschämt} \end{array} \right\} + \text{Genitiv}$$

Ein Beispielsatz:

Akk.-O. +   P/S +   Gen.-O.

Reum   paenitet scelerum.

Den Angeklagten reuen seine Verbrechen.

Oder:

Der Angeklagte bereut seine Verbrechen.

Übung 37 Wählen Sie das Objekt im richtigen Kasus aus und übersetzen Sie anschließend den Satz ins Deutsche.

a) Caesar **(hostes/hostibus)** saepe pepercit.

_____

b) **(Imperator/Imperatorem)** fallit hostes iam fugisse.

_____

c) Difficile est **(stultis/stultos)** persuadere.

_____

d) Sapiens non **(divitias/divitiis)**, sed **(sapientiae/sapientiam)** studebit.

_____

e) Magistratus **(officiorum/officiis)** numquam obliviscentur.

_____

7.2 Attribute

Die nach den einfachen Satzmodellen gebildeten Sätze sind beliebig erweiter-
bar. So kann das Subjekt oder ein Objekt durch **Attribute (Beifügungen)**
deutlicher beschrieben werden. Es ergibt sich dann das folgende Satzmodell:

S/Attr. +	**O/Attr. +**	**O/Attr. +**	**P**
Helvetii bellicosi	finitimis invisis	bellum acerrimum	intulerunt.

*Die kriegerischen Helvetier überzogen ihre verhassten Nachbarn mit heftigs-
tem Krieg.*

Die häufigsten Attribute sind **Adjektive**, wie in unserem Beispiel.

Das adjektivische Attribut gleicht sich in **Kasus, Numerus** und **Genus** an sein Substantiv an
(KNG-Regel). An der Endung erkennt man also, zu welchem Satzteil ein Adjektiv gehört.

Die andere Beifügung ist das **Genitivattribut:**

S/Attr. +	**O/Attr. +**	**O/Attr. +**	**P**
Helvetii	finitimis suorum agrorum	bellum longi temporis	intulerunt.

*Die Helvetier überzogen die Nachbarn ihres Gebietes mit einem Krieg von
langer Dauer.*

Da das Genitivattribut verschiedene Hinweise zu seinem Substantiv geben
kann, lassen sich folgende **Genitivattribute** unterscheiden:

Genitivattribute		
Art	**Inhalt**	**Beispiel**
Genitivus **possessivus**	gibt den **Besitzer** einer Sache an	libri patris *die Bücher des Vaters*
Genitivus **qualitatis**[1]	gibt die **Eigenschaft** einer Person oder Sache an	vir summae pietatis *ein Mann von großer Frömmigkeit, ein sehr frommer Mann*
Genitivus **subiectivus**	gibt den **Träger eines Gefühls** an	amor parentum *die Liebe der Eltern*
Genitivus **obiectivus**	gibt das **Objekt eines Gefühls** oder **einer Handlung** an	amor parentum *die Liebe zu den Eltern*
Genitivus **partitivus**	gibt bei Teilangaben **das Ganze** an	copia frumenti *eine Menge Getreide*

1 Gleichbedeutend: Ablativus qualitatis, z. B. *vir summa pietate:* ein sehr frommer Mann

ung 38 Untersuchen Sie in folgenden Sätzen die Genitive, bestimmen Sie die Art des Genitivs und übersetzen Sie dann die Sätze.

a) Romani semper mores maiorum sequebantur.
b) Metu mortis nonnulli homines etiam scelus faciunt.
c) Sempronia, mulier magnarum cupiditatum, coniurationem Catilinae adiuvabat.
d) Consensu omnium res publica servatur.
e) Magnus numerus hominum Caesarem non tyrannum existimabat.
f) Memoria mortuorum vita eorum semper vivet.

7.3   Adverb und Adverbiale

Das Prädikat kann durch ein Adverb (vgl. die Bildung des Adverbs, S. 20) oder ein Adverbiale erweitert werden. Dann ergibt sich folgendes Satzmodell:

S +   **O +**   **O +**   **Adv. /**   **P.**

Helvetii   finitimis   bellum   accerrime   intulerunt.
Die Helvetier überzogen ihre Nachbarn aufs Heftigste mit Krieg.

Etwas umfangreichere Angaben zum Prädikat finden sich häufig in Form von **Präpositionalausdrücken** (die z. B. oft eine Zeit oder einen Ort angeben):

Helvetii post mortem ducis finitimis bellum intulerunt.

Adverbiale
Die Helvetier überzogen nach dem Tod ihres Führers die Nachbarn mit Krieg.

Pro multitudine hominum Helvetii angustos fines habebant.

Adverbiale
Im Verhältnis zu ihrer großen Bevölkerung hatten die Helvetier ein knapp

bemessenes Gebiet.

7.3.1 Der adverbial gebrauchte Ablativ

Häufig wird der Ablativ als Adverbiale gebraucht:

Caesar magna celeritate in Galliam contendit.

Adverbiale

Cäsar eilte mit großer Schnelligkeit nach Gallien.

Der **Ablativ in adverbialer Funktion** kann die Handlung eines Satzes in verschiedener Weise näher bestimmen:

Der adverbial gebrauchte Ablativ		
Art	**Funktion**	**Beispiel**
Ablativus **modi**	gibt die **Art und Weise** der Handlung an: **Wie** geschieht etwas?	magna celeritate *mit großer Schnelligkeit*
Ablativus **causae**	gibt einen **Grund**, eine **Ursache** an: **Warum** geschieht etwas?	irā *aus Zorn*
Ablativus **instrumenti**	gibt ein **Mittel** an: **Womit** geschieht etwas?	oculis (cernere) *mit den Augen (sehen)*
Ablativus **temporis**[1]	gibt die **Zeit** an: **Wann** geschieht etwas?	eo anno *in diesem Jahr*
Ablativus **separationis**	gibt eine **Trennung** an: **Wovon** entfernt man sich?	finibus *von den Grenzen*

1 Demgegenüber gibt der Accusativus temporis eine zeitliche Dauer an: Wie lange dauert etwas? Antwort: *Unum annum* – ein Jahr.

Übung 39 Unterstreichen Sie in folgenden Sätzen die als Adverbialien gebrauchten Ablative, bestimmen Sie die Art des Ablativs und übersetzen Sie dann die Sätze ins Deutsche.

a) Caesari hostes commeatu (commeatus, -us: *Zufuhr*) intercludere contigerat.
b) Gallorum viri milites Romanos magno clamore terruerunt.
c) Timore Romanorum hostes bellum inferre non audebant.
d) Non amore, sed odio vir in patriam redire decrevit.
e) Etiam inopia oppressi homines iniuria abstinere debent.

7.3.2 Der adverbial gebrauchte Dativ

Seltener kommt der **Dativ als Adverbiale** vor, entweder als

- **Dativus finalis** (Dativ des Zwecks) oder als
- **Dativus commodi** (Dativ des Vorteils).

Der Dativ in adverbialer Funktion		
Art	**Funktion**	**Beispiel**
Dativus **finalis**	*gibt den **Zweck** der Handlung an: Worauf zielt etwas ab?*	Caesar multos milites castris praesidio reliquit. *Cäsar ließ dem Lager viele Soldaten zum Schutz zurück.*
Dativus **commodi**	*gibt an, wem zum **Vorteil** etwas geschieht: Für wen ist etwas vorteilhaft?*	Non scholae, sed vitae discimus. *Nicht für die Schule, sondern für das Leben lernen wir.*

ung 40 Übersetzen Sie folgende Sätze.

a) Non nobis solis nati sumus, sed patriae.
b) Imperator legato auxilio venit.
c) Virtus feminae magis honori est quam pulchritudo.

ung 41 Unterstreichen Sie in folgenden Sätzen die Attribute einfach, Adverbien und Adverbialien zweifach. Übersetzen Sie anschließend.

a) Non forma, sed moribus feminae viris placeant.
b) Pars Romanorum Caesarem, pars Pompeium Magnum consulem volebat.
c) Desiderium patriae Ciceronem absentem semper vexabat.
d) Male dicit, qui odio dicit.

7.4 Das Supin

Das Supin auf **-um** stellt eine (seltene) Erweiterung des Prädikats dar, ist also ebenfalls ein Adverbiale.

Das Supin auf **-um**, das aussieht wie das Neutrum Sg. des Partizip Perfekt Passiv, dessen Endung sich aber nie verändert, **gibt nach Verben der Bewegung** das **Ziel der Bewegung** an.

Beispiele: *vocari salutatum*   zur Begrüßung gerufen werden
                mittere oratum   *zum Bitten schicken*

Das Supin auf -um in einem Satz:

Hannibal patriam defensum revocatus est.

Hannibal ist zurückgerufen worden, um das Vaterland zu verteidigen.

Das **Supin auf -um ersetzt einen finalen ut-Satz**, der viel häufiger ist und hier folgendermaßen lauten würde:

Hannibal, ut patriam defenderet, revocatus est.
..., damit er das Vaterland verteidigte.

Noch seltener ist das **Supin auf -u**: Es genügt, wenn man sich folgende Ausdrücke merkt:

facile est intellectu – *es ist leicht einzusehen*
mirabile est dictu – *es ist sonderbar zu sagen, es klingt sonderbar*

Übung 42 Unterstreichen Sie die Supin-Form und übersetzen Sie anschließend folgende Sätze.

a) Parentes liberos ad magistros mittunt paratum sibi sapientiam.
b) Caesar ipse inter milites se iecit hostes superatum.
c) Mendicus (mendicus, -i: *Bettler*) in forum ibat oratum pecuniam ab hominibus.

7.5 Das Prädikatsnomen

Eine besondere Art der Satzaussage liegt vor, wenn das Prädikat aus einer Form von *esse* in Verbindung mit einem Prädikatsnomen besteht:

Subjekt + Prädikat

(esse) + **Prädikatsnomen**

Homines sunt mortales. *Die Menschen sind sterblich.*
Cicero est consul. *Cicero ist Konsul.*
Dei sunt domini. *Die Götter sind die Herren.*

Bei *esse* steht also der **doppelte Nominativ:** Das Prädikatsnomen steht wie das Subjekt, auf das es sich bezieht, im Nominativ.

In den folgenden drei Beispielsätzen wird *esse* durch andere Verben ersetzt, die ebenfalls einen doppelten Nominativ bei sich haben:

Homines nominantur mortales.	*Die Menschen werden sterblich genannt.*
Cicero consul deligitur.	*Cicero wird zum Konsul gewählt.*
Dei existimantur domini.	*Die Götter werden für die Herren gehalten.*

Die wichtigen Verben, die wie *esse* einen **doppelten Nominativ** bei sich haben, lassen sich in einer Tabelle zusammenfassen:

Verben mit doppeltem Nominativ			
fieri	*werden zu*	creari	*gewählt werden zu*
nasci	*geboren werden als*	existimari	*gehalten werden für*
nominari	*genannt werden*	putari	*gehalten werden für*
deligi	*gewählt werden zu*	videri	*erscheinen als*

Die wörtliche Übersetzung mit doppeltem Nominativ ist meist nicht möglich, oft bietet sich im Deutschen für das lateinische Prädikatsnomen im Nominativ ein Präpositionalausdruck an (z. B. gewählt werden <u>zu</u>). Interessant ist die Veränderung des Satzmodells, wenn die in der Tabelle im Infinitiv Passiv stehenden Verben aktiv gebraucht werden:

Prädikat

S +   Akk.-O. +   **PN** +   Verbform

Homerus   homines   mortales nominat.
Homer nennt die Menschen sterblich.

Romani   Ciceronem consulem deligunt.
Die Römer wählen Cicero zum Konsul.

Homines   deos   dominos existimant.
Die Menschen halten die Götter für die Herren.

Jetzt bezieht sich das Prädikatsnomen (PN) auf das Akkusativobjekt des Satzes, es muss somit auch in den Akkusativ treten.

Außerdem hat das aktiv gebrauchte Verbum eine Leerstelle für ein neues Subjekt eröffnet. Bei den aktiv gebrauchten Verbformen steht also statt des doppelten Nominativs der **doppelte Akkusativ**.

Übung 43 Verwandeln Sie folgende Sätze mit doppeltem Akkusativ in Sätze mit doppeltem Nominativ, indem Sie ihre Subjekte streichen und die Akkusative in den Nominativ setzen. Übersetzen Sie die verwandelten Sätze.

a) Inopia homines nonnumquam bestias facit.
b) Romani Augustum imperatorem non creabant.
c) Pater filium ingeniosissimum putabat.
d) Ego eum non iam amicum meum video.

Augustus, erster römische Kaiser
(63 v. Chr.–14 n. Chr.).

Eine Ergänzung zum Prädikatsnomen ist noch nötig:
Steht im hier behandelten Satzmodell ein allein stehendes Pronomen an der Subjektstelle, richtet es sich in Fall, Zahl und Geschlecht nach seinem Prädikatsnomen:

Ii amici mei sunt.	*Das sind meine Freunde.*
Eae amicae meae sunt.	*Das sind meine Freundinnen.*
Ea gens barbarorum est.	*Das ist ein Volk von Barbaren.*

Dasselbe gilt auch für ein allein stehendes Pronomen an der Objektstelle:

Eam gentem barbarorum nomino.   *Das nenne ich ein Volk von Barbaren.*

8 Die Modi

Wie das Deutsche unterscheidet das Lateinische drei Modi (Aussageweisen): den Indikativ, den Imperativ und den Konjunktiv.

Der **Indikativ** (*indicare* – angeben, berichten) gibt eine Tatsache an, **berichtet gegebene Fakten**. Steht ein Satz im Indikativ, liegt ein sogenannter **Realis** vor. Der **Imperativ** ist die **Befehlsform**, eine eher selten gebrauchte Aussageweise des Verbs.

Wichtiger ist der **Konjunktiv** (*coniungere* – verbinden). Er drückt aus, dass eine Aussage besonders **eng mit der persönlichen Einstellung des Sprechers verbunden** ist. Wünscht er das Gesagte, bezweifelt er es oder hält er die beschriebene Tatsache gar für unmöglich, steht auch im Hauptsatz der Konjunktiv. Dann liegt der sogenannte **Optativ**, der **Potentialis** oder der **Irrealis** vor. Weil diese drei Varianten des Konjunktivs im lateinischen Hauptsatz eine wichtige Rolle spielen, müssen sie sorgfältig unterschieden werden.

8.1 Der Optativ

Als Optativ (*optare* – wünschen) drückt der Konjunktiv einen Wunsch des Sprechers aus, der hofft, die im Satz beschriebene Tatsache möge geschehen.

Der Optativ kann verschiedene Aspekte beinhalten:

- Der Wunsch kann als **erfüllbar** gedacht sein: Hoffentlich bestehst du das Schuljahr.
- Er kann als **unerfüllbar** gedacht sein: Wenn du doch nicht durchgefallen wärst.
- Er kann sich auf die **Gegenwart** beziehen: Möge es dir schmecken.
- Er kann sich auf die **Vergangenheit** beziehen: Hoffentlich hattest du eine gute Nacht.
- Für die unterschiedlichen Grade der Erfüllbarkeit und die Zeitstufen werden verschiedene Konjunktive verwendet:

Wunsch	für die Gegenwart	für die Vergangenheit
erfüllbar:	Konjunktiv Präsens	Konjunktiv Perfekt
unerfüllbar:	Konjunktiv Imperfekt	Konjunktiv Plusquamperfekt

- Häufig wird durch ein vorangestelltes *utinam* der Wunschcharakter des Satzes besonders betont. Dieses Wort kann mit „wenn doch", „dass doch" ins Deutsche übersetzt werden, es kann aber auch unübersetzt bleiben.
- Bei verneinten Wünschen wird aus *non* → *ne*.

- Ein erfüllbarer Wunsch für die Gegenwart:

  Valeamus semper, semper felices simus.
  Mögen wir immer gesund, mögen wir immer glücklich sein.

  Der Optativ für die 1. Person Plural, wie im oberen Beispiel, heißt auch
  Hortativ (*hortari* – auffordern).

- Ein erfüllbarer Wunsch für die Vergangenheit:

  Utinam filius sanus Alexandriam venerit.
  Hoffentlich ist mein Sohn gut nach Alexandria gekommen.

- Ein unerfüllbarer Wunsch für die Gegenwart:

  Utinam pater viveret.
  Wenn doch der Vater noch lebte.

- Ein unerfüllbarer Wunsch für die Vergangenheit:

  Utinam pater in proelio ne cecidisset.
  Wenn doch der Vater in der Schlacht nicht gefallen wäre.

Übung 44   Prüfen Sie, ob es sich bei den Gedanken des Soldaten um erfüllbare oder
unerfüllbare Wünsche handelt. Übersetzen Sie die Sätze danach ins Deutsche.

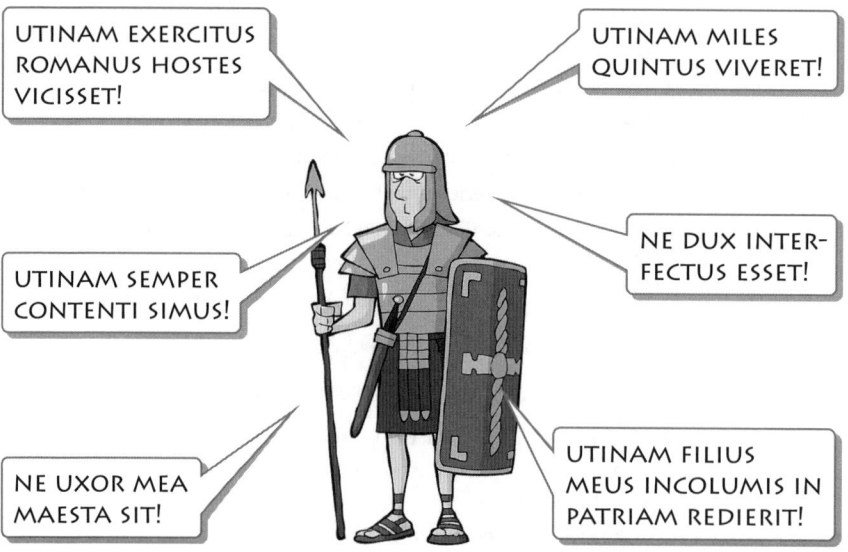

UTINAM EXERCITUS ROMANUS HOSTES VICISSET!

UTINAM MILES QUINTUS VIVERET!

NE DUX INTERFECTUS ESSET!

UTINAM SEMPER CONTENTI SIMUS!

NE UXOR MEA MAESTA SIT!

UTINAM FILIUS MEUS INCOLUMIS IN PATRIAM REDIERIT!

8.2   Der Prohibitiv

Auch in der Umschreibung des verneinten Imperativs liegt ein Wunsch vor,
wenn auch ein negativer – der Prohibitiv. Der verneinte Imperativ wird in der
Regel durch **ne** in Verbindung mit dem **Konjunktiv Perfekt** ersetzt. Dann
liegt der Prohibitiv vor:

Visitate me!   *Besucht mich!*
Ne visitaveritis me!   *Besucht mich nicht!*

ung 45   Unterstreichen Sie alle Verbformen, die Teil eines Prohibitivs sein könnten.

dederitis

veneris

prohibuisset

ageres

miratus sis

miseritis

8.3   Der Potentialis

Als Potentialis drückt der Konjunktiv einen **Zweifel des Sprechers am Gesagten** aus:
Es könnte sein, es ist vielleicht so, es hat unter Umständen stattgefunden.
Auch hier lassen sich die Konstruktionsvarianten in einer Tabelle darstellen:

Potentialis	für die Gegenwart	für die Vergangenheit
Ausdruck des Zweifels, der Unsicherheit	Konjunktiv Präsens oder Konjunktiv Perfekt	Konjunktiv Imperfekt

Ein für die **Gegenwart** geltender Satz wird nur zögernd, zweifelnd ausgesprochen:

> Nemo fame inductus hominem necet/necaverit.
> *Niemand wird wohl aus Hunger einen Menschen töten.*

Eine für die **Vergangenheit** geltende Behauptung wird mit einer gewissen Unsicherheit ausgesprochen:

> Haud facile discerneres, haec mulier pecuniae an famae minus parceret.
> *Du hättest (man hätte) nicht leicht entscheiden können, ob diese Frau weniger auf das Geld oder ihren Ruf achtete.*

> Id quidem nollem te domum relinquere.
> *Das hätte ich doch nicht wollen können, dass du das Haus verlässt.*

Übung 46   Sortieren Sie die folgenden Sätze in die Körbe ein und übersetzen Sie sie anschließend.

a) Maiore virtute adversarios fortasse vinceremus.

_____

b) Credas hostes iam victos esse.

_____

c) Quomodo id periculum effugeremus?

_____

d) Ipse videres te non recte fecisse.

_____

e) Existimaverim milites non fortiter cum hostibus pugnavisse.

_____

Korb 1: Potentialis der Gegenwart

Korb 2: Potentialis der Vergangenheit

8.4 Der Irrealis

Der Irrealis drückt aus, dass die im Satz enthaltene Aussage eine **bloße Annahme** ist und **nicht als Wirklichkeit** angesehen wird. Deshalb erscheint der Irrealis meist in Verbindung mit einem wenn-Satz, der die dargestellte Tatsache als bloße Spekulation kennzeichnet. Die **Konstruktion** läuft ganz wie im Deutschen ab:

- Der **Irrealis der Gegenwart** wird durch **Konjunktiv Imperfekt** ausgedrückt.
- Der **Irrealis der Vergangenheit** wird durch **Konjunktiv Plusquamperfekt** ausgedrückt.

Si pater dives esset, mihi equum emeret.
Wenn der Vater reich wäre, würde er mir ein Pferd kaufen.

Si pater dives fuisset, mihi equum emisset.
Wenn der Vater reich gewesen wäre, hätte er mir ein Pferd gekauft.

ung 47 Übersetzen Sie folgende Sätze, die im Irrealis der Gegenwart stehen. Verwandeln Sie dann die lateinischen Sätze in den Irrealis der Vergangenheit.

a) Si pecuniam haberem, te libenter adiuvarem.

→ Si pecuniam _____ , te libenter _____.

b) Si Hannibal Romanos vinceret, dominus mundi esset.

→ Si Hannibal Romanos _____, dominus mundi

_____.

c) Vita sine ducibus esset, si philosophi non essent.

→ Vita sine ducibus _____, si philosopi non _____.

ung 48 Verwandeln Sie die lateinischen Sätze, die nun im Irrealis der Vergangenheit stehen, in den Irrealis der Gegenwart.

a) Tristis fuissem, nisi amicos habuissem.

→ Tristis _____, nisi amicos _____.

b) Nisi Caesar patriam desideravisset, tutus in Gallia mansisset.

→ Nisi Caesar patriam _____, tutus in Gallia

_____.

Übung 49 Zusammenfassende Übung zu den Modi:
Geben Sie an, welche Variante des Konjunktivs vorliegt, und übersetzen Sie anschließend die Sätze.

Tipps: Den Irrealis erkennen Sie meist am konditionalen Nebensatz (*si*: wenn; *nisi*: wenn nicht). Ein *utinam* signalisiert immer Optativ. Ansonsten erkennen Sie am Sinn des Satzes, ob ein Wunsch oder ein Zweifel (Potentialis) ausgedrückt ist.

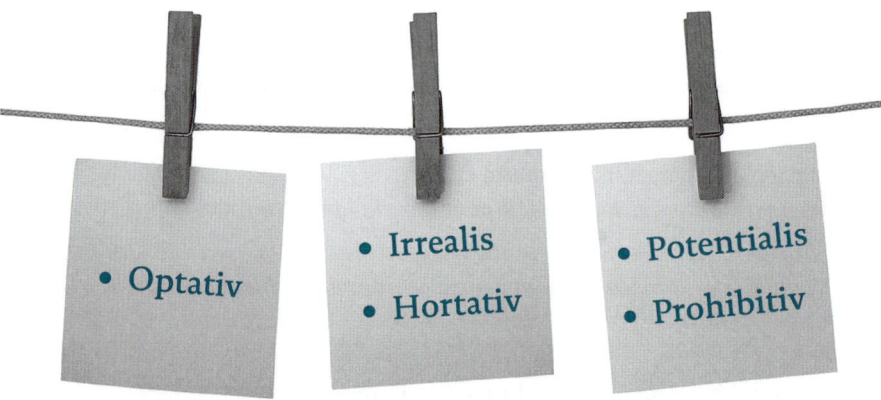

a) Utinam parentes meos numquam reliquissem.

b) Amici te semper ament.

c) Si te vidissem, te salutavissem.

d) Utinam nos omnes immortales essemus.

e) Nisi laborarem, vivere non possem.

f) Putares te iam victum esse.

g) Ne in nostram domum veneritis.

h) Bellum incipiamus.

9 Besondere Konstruktionen im Lateinischen

Es gibt im Lateinischen Konstruktionen, für die sich im Deutschen keine rechte Entsprechung findet: Zu diesen zählt u. a. das Gerundium und Gerundiv.

9.1 Gerundiv und Gerundium

Das Gerundiv wird vom Verbum abgeleitet, indem adjektivische Endungen an den Verbalstamm treten: Damit liegt ein sogenanntes **Verbaladjektiv** vor, das die Notwendigkeit einer Handlung bezeichnet. Es wird wie die Adjektive der a-/o-Deklination gebildet:

Das Gerundiv	
lauda-**nd-us**, -a, -um	*ein zu lobe-**nd**-er*
mone-**nd-us**, -a, -um	*ein zu mahne-**nd**-er*
rege-**nd-us**, -a, -um	*ein zu lenke-**nd**-er*
capie-**nd-us**, -a, -um	*ein zu fasse-**nd**-er*

Das vom Namen und von der Endung her mit dem Gerundiv leicht verwechselbare Gerundium ist der **substantivierte** und damit deklinierbare **Infinitiv**. Das Gerundium tritt nur im Singular auf und wird nach der Neutrum-Variante der o-Deklination gebildet:

Das Gerundium	
laudare	*das Loben*
lauda-**nd-i**	*des Lobens*
lauda-**nd-o**	*dem Loben*
ad lauda-**nd-um**	*zum Loben*
lauda-**nd-o**	*durch das Loben*

Beispiele für das Gerundium:
- **Docendo** discimus.
  Durch Lehren lernen wir.
- Facultas **fugiendi** data est.
  Die Möglichkeit zu fliehen (des Fliehens) ist gegeben. (Die Möglichkeit zur Flucht …)

Das Gerundium kann folgendermaßen erweitert werden

1 durch eine *Präposition:*
   Ad libros legendos convenimus:
   Um Bücher zu lesen / Zum Lesen von Büchern sind wir zusammengekommen.

2 durch ein *Adverb:*
   Ad **beate** vivendum nati sumus.
   Wir sind geboren, um glücklich zu leben (wörtlich: zum glücklich Leben).

3 durch ein *Objekt:*
   Tempus **amicum** salutandi est.
   Es ist Zeit, den Freund zu grüßen.

9.1.1 Attributiver Gebrauch des Gerundivs

Wie ein Adjektiv kann das Gerundiv als **Attribut** in den Satz eingebaut
werden:

Subjekt/**Gerundiv**   +   Objekt/**Gerundiv**   +   Prädikat

Liberi parentibus magnum laborem parant.
Kinder machen ihren Eltern große Mühe.

Jetzt wird das Subjekt mit einem Gerundiv erweitert:

Liberi **educandi** parentibus magnum laborem parant.
Zu erziehende Kinder machen ihren Eltern große Mühe.

Die wörtliche Übersetzung kann so nicht stehen bleiben, man übersetzt das
Gerundiv freier mit einem Substantiv:

Die Erziehung der Kinder macht den Eltern große Mühe.

Jetzt wird das Subjekt mit einem Gerundiv erweitert:

Liberi **educandi** parentibus magnum laborem parant.
Zu erziehende Kinder machen ihren Eltern große Mühe.

Die wörtliche Übersetzung kann so nicht stehen bleiben, man übersetzt das
Gerundiv freier mit einem Substantiv:

Die Erziehung der Kinder macht den Eltern große Mühe.

Ein weiterer Beispielsatz:

Philosophi voluptates repudiant.
Philosophen verschmähen Vergnügen.

Nun wird das Akkusativobjekt mit einem Gerundiv als Attribut erweitert.

Philosophi voluptates **fruendas** repudiant.
Die Philosophen verschmähen zu genießende Vergnügen.

Auch Deponentia wie *frui* bilden also ein regelmäßiges Gerundiv.
Erneut bietet sich hier die freiere Übersetzung mit einem Substantiv an:
Die Philosophen verschmähen den Genuss von Vergnügen.

bung 50 Unterstreichen Sie in folgenden Sätzen alle *nd-Formen.* Übersetzen Sie anschließend.

a) Carolus Magnus peritus dicendi erat.

_____

b) Multum temporis in libris legendis consumpsit.

_____

c) Liberos suos ad recte vivendum educavit.

_____

d) Ipse artem dicendi discebat.

_____

9.1.2 Das Gerundiv als Prädikatsnomen

Ebenso kann das Gerundiv als **Prädikatsnomen** stehen:

Subjekt + Objekt   +   Prädikat

Gerundiv   + Verbform

Cicero a patre Philoni philosopho traditus est.
Cicero wurde von seinem Vater dem Philosophen Philo übergeben.

Jetzt wird das Prädikat *(traditus est)* mit einem Gerundiv als Prädikatsnomen ergänzt:

Cicero a patre Philoni philosopho **educandus** traditus est.
Cicero wurde von seinem Vater dem Philosophen Philo als ein zu Erziehender übergeben.

Auch hier bietet sich eine freiere Übersetzung des Gerundivs mit einem Substantiv in einem Präpositionalausdruck an:

Cicero wurde von seinem Vater dem Philosophen Philo zur Erziehung übergeben.

9.1.3 Das Gerundiv + *esse* als Prädikat

In diesem Satzmodell bekommt das Gerundiv eine neue, ganz bestimmte Färbung: Es drückt aus, dass etwas geschehen oder getan werden muss.

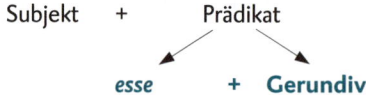

Subjekt   +   Prädikat

esse   +   **Gerundiv**

Epistula scribenda est.
Der Brief ist ein zu schreibender.
Der Brief muss geschrieben werden.

Das Prädikat hat hier eine weitere Leerstelle eröffnet mit der sich aus dem Satz ergebenden Frage: Von wem?   Oder: Wer muss da etwas tun?

Beim Gerundiv steht der zu **behandelnde** Gegenstand oder die **zu behandelnde** Person als Subjekt im Nominativ, die **handelnde Person** im Dativ (Dativus auctoris).

Omnibus epistula scribenda est.
Für alle ist ein Brief ein zu schreibender.
Alle müssen einen Brief schreiben.

Wird das Gerundiv nicht von einem transitiven, sondern von einem **intransitiven** Verbum gebildet, wird es, wie man sagt, **unpersönlich** gebraucht. Es steht im Neutrum Singular in der Verbindung mit *est*. Zur Erinnerung: Transitive Verben regieren ein Akkusativobjekt (das Haus sehen) und können passiv verwendet werden (das Haus wird gesehen), intransitive nicht (z. B.: es scheint). Die handelnde Person steht auch in der Verbindung mit einem intransitiven Verb wieder im Dativ, die zu behandelnde Sache oder Person in dem Kasus, den das Verbum regiert.

Omni homini utendum est sua ratione.
Jeder Mensch muss seinen Verstand gebrauchen.

Tibi non est obliviscendum beneficiorum acceptorum.
Du darfst empfangene Wohltaten nicht vergessen.

bung 51 Wählen Sie die jeweils richtige Form aus. Achten Sie auf die deutsche Übersetzung.

a) (Exercitus/Exercitui/Exercitum) iter celeriter faciendum est.
   Das Heer muss schnell marschieren.

b) Hostes urbem (delendi/delendum/delendam) esse putant.
   Die Feinde meinen, dass die Stadt zerstört werden müsse.

c) Milites Romam veniunt (pugnandi/pugnando/pugnandam) causa.
   Die Soldaten kommen nach Rom, um zu kämpfen.

bung 52 Bringen Sie Ordnung in das Chaos, indem Sie die aus dem Karton gefallenen Endungen den entsprechenden Sätzen hinzufügen. Übersetzen Sie anschließend.

a) Philosophi de bene vive_____ disseruerunt.

b) In epistulis scribe_____ multum temporis consumpserunt.

c) Omnibus hominibus recte vive_____ est.

d) Cives consilium fugie_____ ceperunt.

e) Cives ad patriam serva_____ parati erant.

f) Spes hostes vince_____ magna erat.

g) Colono etiam ager malus cole_____ est.

h) Homines pauperiores tibi despicie_____ non sunt.

i) Verba philosophorum nobis seque_____ sunt.

j) Iniuriarum acceptarum tibi oblivisce_____ est.

9.2 Partizipialkonstruktionen

Während das Deutsche zusätzliche Erklärungen zu einem Satz meist durch Nebensätze gibt, verwendet das Latein hierzu sehr häufig das Partizip.

9.2.1 Das Participium coniunctum

Zunächst empfiehlt es sich auch hier, die Formenbildung zu wiederholen. Es gibt bekanntlich im Lateinischen drei Partizipien:

- Das **Partizip Präsens Aktiv** bezieht sich auf die jeweilige Gegenwart, es wird **gleichzeitig** gebraucht:

Das Partizip Präsens Aktiv	
lauda-**ns**, lauda-**ntis**	*lobend*
mone-**ns**, mone-**ntis**	*mahnend*
audie-**ns**, audie-**ntis**	*hörend*
rege-**ns**, rege-**ntis**	*lenkend*
capie-**ns**, capie-**ntis**	*fassend*

- Das **Partizip Perfekt Passiv** weist in die Vergangenheit, es wird **vorzeitig** gebraucht:

Das Partizip Perfekt Passiv		
lauda-**tus**, -a, -um	*gelobt*	*einer, der gelobt worden ist*
moni-**tus**, -a, -um	*gemahnt*	*einer, der gemahnt worden ist*
audi-**tus**, -a, -um	*gehört*	*einer, der gehört worden ist*
rec-**tus**,- a, -um	*gelenkt*	*einer, der gelenkt worden ist*
cap-**tus**, -a, -um	*gefasst*	*einer, der gefasst worden ist*

- Das **Partizip Futur Aktiv** weist in die Zukunft, es wird **nachzeitig** gebraucht:

Das Partizip Futur Aktiv	
lauda-**turus**, -a, -um	*loben wollend; im Begriff zu loben; einer, der loben will oder wird*
moni-**turus**, -a, -um	*mahnen wollend …*
audi-**turus**, -a, -um	*hören wollend …*
rec-**turus**, -a, -um	*lenken wollend …*
cap-**turus**, -a, -um	*fassen wollend …*

Das Participium coniunctum (*coniungere* – verbinden) ist in gewisser Weise mit dem Subjekt oder dem Objekt „verbunden".

Das **Participium coniunctum** erläutert die Aussage eines Satzes, indem es von einer vom Subjekt oder einem Objekt ausgehenden (aktiven) oder diese betreffenden (passiven) Handlung berichtet:

S	+	O	+	P
+		+		
Participium coniunctum		**Participium coniunctum**		

Naturgemäß richtet sich das Participium coniunctum in Fall, Zahl und Geschlecht nach dem Satzteil, auf den es sich bezieht. An der Endung erkennt man also, ob sich das Participium coniunctum auf das Subjekt oder ein Objekt bezieht.

Nun soll das Modell an konkreten Sätzen verdeutlicht werden. Diese handeln von dem athenischen Tyrannen Hippias, der nach seiner Vertreibung vergeblich versuchte, mit persischer Hilfe die Herrschaft über Athen zurückzugewinnen. Beispielsatz: Hippias cecidit.   *Hippias fiel.*

Erweiterung des Subjekts (Hippias) durch ein Participium coniunctum:

Hippias cecicit.   *Hippias fiel, …*

arma contra patriam ferens
… als er die Waffen gegen sein Vaterland richtete.

Ein weiterer Satz:
Dei Hippiam in exitium coniecerunt.
Die Götter stürzten Hippias ins Verderben.

Nun wird das **Objekt** (Hippiam) durch ein Participium coniunctum erweitert:

Dei Hippiam in exitium coniecerunt.   *Die Götter stürzten Hippias, … ins Verderben.*

arma contra patriam ferentem   *weil er die Waffen gegen das eigene Vaterland richtete*

bung 53   Unterstreichen Sie in folgenden Sätzen die Participia coniuncta und ihr jeweiliges Bezugswort. Übersetzen Sie anschließend die Sätze.
a) Hominem nihil agentem nemo admirabitur.
b) Dionysium Syracusis (Syracusae, -arum, f.: Syrakus) expulsum Corinthi (Corinthus, -i, f.: Korinth) pueros docuisse scriptor quidam tradit.
c) A rege Persarum Graecis bellum illaturo ingens exercitus coactus est.

9.2.2 Die Zeitenfolge bei der Partizipialkonstruktion

Die Partizipien kennzeichnen nicht die Zeit an sich, sondern das zeitliche Verhältnis des Partizips zum Prädikat.

Die Handlung des **Partizip Präsens Aktiv** läuft gleichzeitig mit der Handlung des Prädikats ab: **Gleichzeitigkeit.**

Die Handlung des **Partizip Perfekt Passiv** lief schon vor der Handlung des Prädikats ab: **Vorzeitigkeit.**

> Hippias e patria expulsus Persas in Athenienses excitabat.
> *Nachdem Hippias aus seiner Heimat vertrieben worden war, versuchte er, die Perser gegen die Athener aufzustacheln.*

Die Handlung des **Partizip Futur Aktiv** ist für die Zukunft geplant, sie wird erst nach der Handlung des Prädikats ablaufen: **Nachzeitigkeit.**

> Hippias regnum recuperaturus patriam aggressus est.
> *Hippias, der die Königsherrschaft wiedergewinnen wollte, griff sein Vaterland an.*

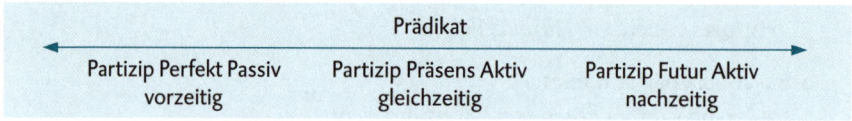

	Prädikat	
Partizip Perfekt Passiv vorzeitig	Partizip Präsens Aktiv gleichzeitig	Partizip Futur Aktiv nachzeitig

Übung 54   Folgende Sätze sind nicht mehr vollständig erhalten. Fügen Sie die richtigen Papierfetzen (zu den blau gedruckten Substantiven) ein und übersetzen Sie anschließend.

a) Caesar **hostes** impetum _____ acriter aggressus est.

b) **Multitudo** civium ex urbe _____ in itinere periit.

c) **Milites** ab hostibus _____ tamen bono animo erant.

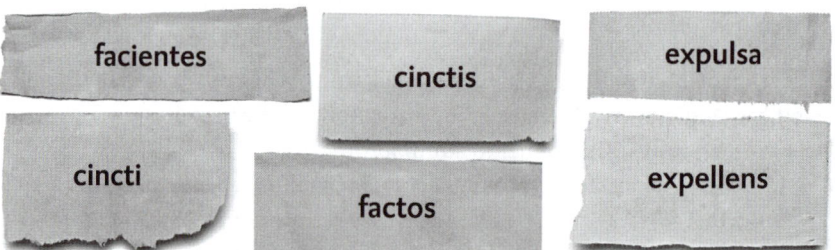

facientes   cinctis   expulsa

cincti   factos   expellens

9.2.3 Der Ablativus absolutus

Während das Participium coniunctum auf das Subjekt oder ein Objekt des Satzes bezogen ist, steht der Ablativus absolutus **losgelöst** (*absolvere* – loslösen) neben dem Satz: Er besteht aus einem **Substantiv im Ablativ** (gleichsam dem Subjekt des Ablativus absolutus) und einem **Partizip im Ablativ** (gewissermaßen dem Prädikat des Ablativus absolutus).

Wir haben dann dieses Satzmodell:

S +   **O +**   **P**

Athenienses Persas   vicerunt.
Die Athener besiegten die Perser.

Erweiterung des Satzes durch einen Ablativus absolutus:

S +   **O +**   **P +**   **Ablativus absolutus**

Athenienses   Persas   vicerunt   Hippia arma contra patriam ferente.
Die Athener besiegten die Perser, obwohl Hippias (selbst) die Waffen gegen sein Vaterland richtete.

Der Ablativus absolutus ist ein **satzartiges Gebilde** mit einer Art eigenem Subjekt (Substantiv im Ablativ) und einer Art eigenem Prädikat (Partizip im Ablativ).

Manchmal steht im Ablativus absolutus statt des Partizips ein **Substantiv** oder ein **Adjektiv**, z. B.

Hannibale duce – *unter Führung Hannibals*

Hannibale vivo – *noch zu Lebzeiten Hannibals*

Übung 55   Markieren Sie den *Ablativus absolutus* und übersetzen Sie dann die Sätze.

a) Ludis Olympiacis ineuntibus multi homines Olympiam concurrebant.

b) Cicero populo convocato orationem optimam habuit.

c) Horatius poeta carmina scribebat Augusto regnante.

9.2.4 Übersetzungsmöglichkeiten für die Partizipialkonstruktion

Für die Darstellung der vier Übersetzungsmöglichkeiten für eine Partizipial-
konstruktion soll noch einmal der Beispielsatz *Hippias arma contra patriam
ferens cecidit* herangezogen werden:

- Am besten trifft ein **konjunktionaler Nebensatz** den Sinn des Partizips.
  Beispiel: Als Hippias die Waffen gegen das Vaterland richtete, fiel er.

- Manchmal bietet sich ein **relativer Nebensatz** an:
  Beispiel: Hippias, welcher die Waffen gegen das Vaterland richtete, fiel.

- Seltener ist eine **Beiordnung des Partizips** neben das Prädikat mit „und" günstig:
  Beispiel: Hippias richtete die Waffen gegen das Vaterland und fiel.

- Auch die Übersetzung mit einem **Präpositionalausdruck** ist möglich:
  Beispiel: Hippias fiel beim bewaffneten Angriff auf das Vaterland.

Übung 56   Prüfen Sie, welche Formen nicht Teil eines Ablativus absolutus sein können
(d. h. Partizip oder Substantiv/Adjektiv im Ablativ).

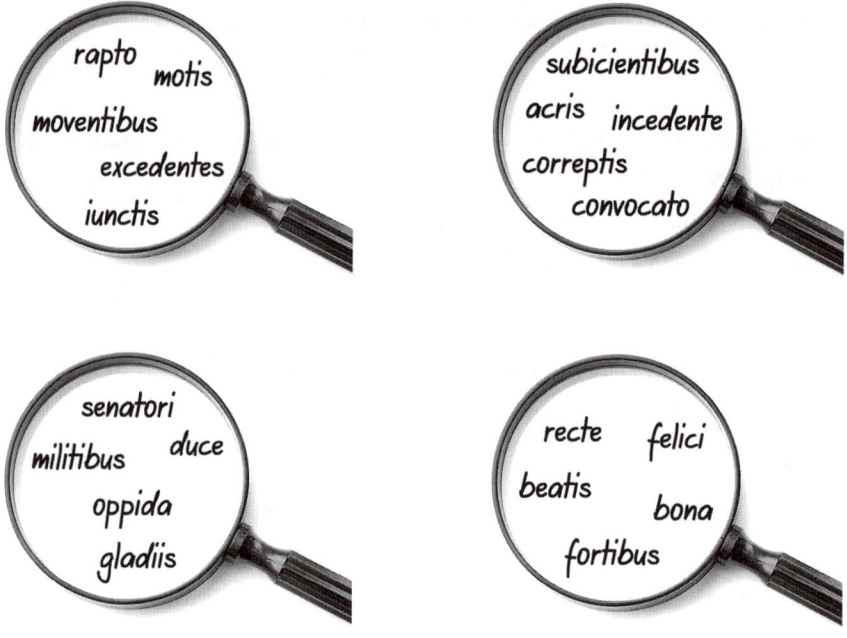

rapto   motis
moventibus
excedentes
iunctis

subicientibus
acris   incedente
correptis
convocato

senatori
militibus   duce
oppida
gladiis

recte   felici
beatis
bona
fortibus

ung 57   Prüfen Sie, ob folgende Übersetzungen des nachstehenden Satzes korrekt sind. *Caesar Gallia potitus (potiri + Ablativ, potior, potitus sum: erobern) Romam rediit.*

	✓	✗
Cäsar hat Gallien erobert und ist daraufhin nach Rom zurückgekehrt.		
Cäsar, der Gallien erobert hatte, kehrte nach Rom zurück.		
Weil Cäsar Gallien eroberte, kehrte er nach Rom zurück.		
Nach der Eroberung Galliens kehrte Cäsar nach Rom zurück.		

Übersetzen Sie nun folgenden Satz, indem Sie ihn mit den vier verschiedenen syntaktischen Möglichkeiten wiedergeben.

Milites timore hostium affecti se in castra receperunt.

1 _____

2 _____

3 _____

4 _____

ung 58   Unterstreichen Sie in den folgenden Sätzen die *Participia coniuncta* und die Subjekte oder Objekte, auf die sie sich beziehen. Lösen Sie den *Ablativus absolutus* jeweils durch Klammern aus dem Satz heraus. Übersetzen Sie danach die Sätze.

a) Tarquinius Superbus Ardeam oppugnans imperium perdidit.
b) Athenienses Alcibiadem a rege Persarum corruptum accusaverunt.
c) C. Flaminius Caelius religione neglecta apud Trasumenum cecidit.
d) Tribunus militum milites in propinquum collem (collis, -is, m.: Hügel) recepit se loci praesidio defensurus.
e) Pace facta bellum finitum est.

9.3 Der AcI

Eine besondere „Erfindung" des Lateinischen liegt auch in der Konstruktion des **Accusativus cum Infinitivo** vor. Ihm entspricht ein deutscher Aussagesatz mit der Konjunktion „dass".

Der AcI steht
- nach den **verba dicendi**, die ein Sprechen bezeichnen.

  Beispiele: dicere   *sagen, dass*
             contendere   *behaupten, dass*
             persuadere   *überzeugen, dass*

- nach den **verba sentiendi**, die eine geistige Wahrnehmung oder ein Denken bezeichnen.

  Beispiele: animadvertere   *wahrnehmen, dass*
             intellegere   *einsehen, dass*
             cogitare   *denken, dass*

- nach den **verba affectus**, die ein Gefühl bezeichnen.

  Beispiele: gaudere   *sich freuen, dass*
             mirari   *sich wundern, dass*
             cupere   *wünschen, dass*

Panaetius Stoicus dixit animas hominum post mortem non interire.
Der Stoiker Panaetius sagte, dass die Seelen der Menschen nach dem Tode nicht zugrunde gehen.

Die *erste* Feststellung ist, dass der AcI insgesamt die Objektstelle des Satzes ausfüllt: Was sagt Panaetius?

S +	**P +**	**Akk.-O.**
Panaetius Stoicus	dixit	animas … non interire.

Die *zweite* Feststellung ist, dass der AcI selbst ein satzartiges Gebilde darstellt mit dem Akkusativ als seinem Subjekt und dem Infinitiv als seinem Prädikat. Er wäre im Modell dann wie ein gewöhnlicher Satz darzustellen:

S (des AcI) +	**Adverbiale +**	**P (des AcI)**
animas	post mortem	non interire.
…, dass die Seelen	*nach dem Tod*	*nicht zugrunde gehen.*

Der AcI lässt sich also ohne Weiteres in einen deutschen *dass-Satz* übersetzen: Der Akkusativ wird zum Subjekt im Nominativ, der Infinitiv wird zum Prädikat. Interessanterweise gibt es Ansätze zum AcI auch im Deutschen. Was sich im Deutschen aber nur im Ansatz entwickelt hat, das wurde im Lateinischen zu einer geläufigen Konstruktion:

S + P +	**Akk.-O = AcI**
Audio	te legere.
Ich höre	*dich lesen.*
Videmus	avem volare.
Wir sehen	*den Vogel fliegen.*

Bei der Bildung und Übersetzung des AcI spielt die Beachtung der Zeitenfolge *(Consecutio temporum)* eine wichtige Rolle. Je nachdem, ob die Handlung des AcIs gleichzeitig, nachzeitig oder vorzeitig zur Handlung des übergeordneten Satzes ist, kann der Infinitiv in den Zeitstufen Präsens, Futur und Perfekt stehen. Es empfiehlt sich also, die Formenbildung des Infinitivs zu wiederholen. Der **Infinitiv Präsens** bezieht sich auf die jeweilige Gegenwart, er wird **gleichzeitig** gebraucht:

Der Infinitiv Präsens	
Aktiv	
laudare	*zu loben*
monere	*zu mahnen*
audire	*zu hören*
regere	*zu lenken*
capere	*zu fassen*
Passiv	
laudari	*gelobt zu werden*
moneri	*gemahnt zu werden*
audiri	*gehört zu werden*
regi	*gelenkt zu werden*
capi	*gefasst zu werden*

Der **Infinitiv Futur** weist in die Zukunft, er ist **nachzeitig** gebraucht und kann kaum wörtlich ins Deutsche übersetzt werden. Der Infinitiv Futur Passiv ist unveränderlich. Er besteht eigentlich aus dem Supin auf -um in Verbindung mit dem Infinitiv Präsens Passiv von *ire* – „gehen" und bedeutet wörtlich: „gegangen werden zu etwas".

Der Infinitiv Futur	
Aktiv	
laudaturum, -am, -um esse	*in Zukunft zu loben*
moniturum, -am, -um esse	*in Zukunft zu mahnen*
auditurum, -am, -um esse	*in Zukunft zu hören*
recturum, -am, -um esse	*in Zukunft zu lenken*
capturum, -am, -um esse	*in Zukunft zu fassen*
Passiv	
laudatum iri	*in Zukunft gelobt zu werden*
monitum iri	*in Zukunft gemahnt zu werden*
auditum iri	*in Zukunft gehört zu werden*
rectum iri	*in Zukunft gelenkt zu werden*
captum iri	*in Zukunft gefasst zu werden*

Der **Infinitiv Perfekt** weist in die Vergangenheit, er ist **vorzeitig** gebraucht:

Der Infinitiv Perfekt	
Aktiv	
laudavisse	*gelobt zu haben*
monuisse	*gemahnt zu haben*
audivisse	*gehört zu haben*
rexisse	*gelenkt zu haben*
cepisse	*gefasst zu haben*
Passiv	
laudatum, -am, -um esse	*gelobt worden zu sein*
monitum, -am, -um esse	*gemahnt worden zu sein*
auditum, -am, -um esse	*gehört worden zu sein*
rectum, -am, -um esse	*gelenkt worden zu sein*
captum, -am, -um esse	*gefasst worden zu sein*

Die **Zeitenfolge beim AcI** soll an drei Beispielsätzen klar werden:

- Der **Infinitiv Präsens** signalisiert **Gleichzeitigkeit** zur Handlung des Prädikats.
  Beispiel: Iam antea sciverant se infirmos esse.
  Sie hatten schon vorher gewusst, dass sie unterlegen seien.

- Der **Infinitiv Futur** signalisiert **Nachzeitigkeit** zur Handlung des Prädikats.
  Beispiel: Cicero gaudebat se brevi tempore patriam visurum esse.
  Cicero freute sich, dass er bald das Vaterland wiedersehen würde.

- Der **Infinitiv Perfekt** signalisiert **Vorzeitigkeit** zur Handlung des Prädikats.
  Beispiel: Mox sentiet se scelus fecisse.
  Er wird bald merken, dass er ein Verbrechen begangen hat.

Grafische Darstellung der Zeitenfolge beim AcI:

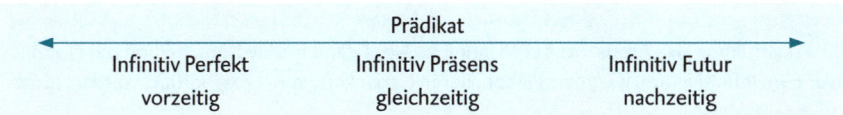

	Prädikat	
Infinitiv Perfekt	Infinitiv Präsens	Infinitiv Futur
vorzeitig	gleichzeitig	nachzeitig

Es gibt eine weitere wichtige Regel zur Konstruktion des AcI:

Bezieht sich der AcI auf das Subjekt des Satzes, von dem der AcI abhängt, wird das Reflexivpronomen *se* verwendet, ansonsten die Personalpronomina der 3. Person.

Iam antea sciverant **se** infirmos esse.
Sie hatten schon vorher gewusst, dass sie (selbst) unterlegen seien.

Iam antea sciverant **eos** infirmos esse.
Sie hatten schon vorher gewusst, dass sie (die anderen) unterlegen seien.

Cicero gaudebat **se** brevi tempore patriam visurum esse.
Cicero freute sich, dass er (selbst) bald das Vaterland wiedersehen würde.

Cicero gaudebat **eum** brevi tempore patriam visurum esse.
Cicero freute sich, dass er (der andere) bald das Vaterland wiedersehen würde.

Mox sentiet **se** scelus fecisse.
Er wird bald merken, dass er (selbst) ein Verbrechen begangen hat.

Mox sentiet **eum** scelus fecisse.
Er wird bald merken, dass er (der andere) ein Verbrechen begangen hat.

ung 59 Markieren Sie in folgenden Sätzen den AcI, indem Sie den *Akkusativ* (A) und *Infinitiv* (I) mit verschiedenen Farben unterstreichen. Übersetzen Sie anschließend.

a) Nos homines mortales esse scimus.

_____

b) Romae Galliam totam a Caesare subiectum iri auditum est.

_____

c) Multas terras a Romanis imperatas esse scimus.

_____

d) Vergilius Aeneam ab Asia in Italiam venisse narrat.

_____

9.4   Der NcI

Die Konstruktion des Accusativus cum Infinitivo kippt dann in eine Konstruktion mit Nominativus cum Infinitivo um, wenn die Person, deren Gedanken im AcI ausgedrückt werden, nicht mehr genannt ist.

Beispiel: Horatius poeta dixit Graeciam captam ferum victorem cepisse.
Der Dichter Horaz sagte, dass das eroberte Griechenland den wilden Sieger[1] (seinerseits) unterworfen habe.

Graecia capta ferum victorem cepisse dicitur.
Man sagt, das eroberte Griechenland habe den wilden Sieger unterworfen.

Auch die Satzstruktur ändert sich:

… dixit Graeciam …

Graecia … dicitur

Der Akkusativ des AcI wird zum Nominativ im NcI. Das aktive *dixit* wird zum passiven *dicitur*.

Beispiel: Livius scriptor fert Hannibalem etiam Alpes transisse.
Der Schriftsteller Livius berichtet, dass Hannibal sogar die Alpen überschritten habe.

Hannibal etiam Alpes transisse fertur.
Man berichtet, dass Hannibal sogar die Alpen überschritten habe.

1 Gemeint ist das siegreiche Rom, das von Griechenlands Kultur „besiegt" wurde.

Übung 60   Prüfen Sie, ob bei folgenden Sätzen ein AcI oder NcI vorliegt. Übersetzen Sie anschließend die Sätze ins Deutsche.

a)   Lucretia se ipsam necavisse traditur.

_____

b)   Scriptor quidam tradit Romam a Romulo conditam esse.

_____

c)   Antonius Cleopatram in matrimonium duxisse dicitur.

_____

d)   Fertur Homerus Vergilium poetam docere.

_____

10 Der Fragesatz

Die einfachste Form des Fragesatzes ist die Wortfrage. Diese wird mit einem **Fragewort** eingeleitet, etwa mit *quis?, quid?, cur?, ubi?, quando?*

Quis mundum fecit?
Wer hat die Welt geschaffen?

Cur Romam non hoc anno visitabis?
Warum wirst du Rom nicht in diesem Jahr besuchen?

Daneben kennt das Lateinische aber noch weitere Arten von Fragesätzen.

10.1 Die Satzfrage

Die Satzfrage wird im Lateinischen nicht durch ein Fragewort, sondern durch ein anderes Fragesignal gekennzeichnet:

Factusne mundus est a deo?
Ist die Welt von Gott erschaffen worden?

Das Lateinische kennt hier drei Fragesignale, die interessanterweise schon zeigen, welche Antwort der Fragende erwartet:

Fragesignale		
-ne[1]	die Antwort ist offen:	ja oder nein
num	die erwartete Antwort ist:	nein
nonne	die erwartete Antwort ist:	ja

1 -ne hängt sich immer an ein anderes Wort an, meist an das erste Wort im Satz.

Factusne mundus est a deo?
Ist die Welt von Gott geschaffen worden?
Erwartete Antwort: Ja oder nein.

Num mundus a deo factus est?
Ist die Welt etwa von Gott geschaffen worden?
Erwartete Antwort: Nein, auf keinen Fall!

Nonne mundus a deo factus est?
Ist die Welt denn nicht von Gott geschaffen worden?
Erwartete Antwort: Ja, freilich!

Übung 61 Überprüfen Sie durch die Übersetzung folgender Varianten einer Frage, die sich jeder Mensch immer wieder stellt, ob Sie die jeweilige Färbung der lateinischen Frage erkennen. Schreiben Sie auch die entsprechende Antwort gleich dazu.

a) Amatne me?

_____

b) Nonne me amat?

_____

c) Num me amat?

_____

10.2 Die Wahlfrage

Die Wahlfrage oder **disjunktive Frage** (vgl. _disiungere_ – trennen) bietet die Auswahl zwischen zwei Möglichkeiten, man kann sich für die eine _oder_ die andere entscheiden. Dieses „oder" heißt lateinisch _an_. Es liegen dabei entweder die üblichen Fragesignale vor, das Signal kann aber auch wegfallen:

> Factusne mundus est a deo an casu ortus est?
> Factus mundus est a deo an casu ortus est?
> _Ist die Welt von Gott geschaffen worden oder ist sie durch Zufall entstanden?_
>
> Mundus factus est a deo annon?
> _Ist die Welt von Gott geschaffen worden oder nicht?_

Im letzten Beispielsatz ist die zweite, durch _annon_ („oder nicht") gebildete Möglichkeit nicht weiter ausgeführt. _Annon_ kann auch durch _necne_ ersetzt werden:

> Mundus factus est a deo necne?
> _Ist die Welt von Gott geschaffen worden oder nicht?_

Häufig wird eine Wahlfrage durch _utrum_ eingeleitet, was wörtlich übersetzt heißt: „welches von beiden?"

> Utrum mundus factus est a deo an casu ortus est?
> _Ist die Welt von Gott erschaffen worden oder durch Zufall entstanden?_
>
> Utrum tu amicum an amicus te offendit?
> _Hast du deinen Freund oder hat dein Freund dich beleidigt?_

10.3 Der Deliberativ

Der Potentialis in der Frage heißt **Deliberativ** (vgl. *deliberare* – überlegen).
Denn eine Frage kann auch in den Potentialis (vgl. S. 73 f.) gestellt werden und
somit die Unsicherheit des Sprechers deutlich ausdrücken.

Quid faciam?   *Was könnte ich tun?*
Quid facerem?   *Was hätte ich tun sollen?*

Wie schon beim Potentialis, so bezieht sich hier auch beim Deliberativ der
Konjunktiv Präsens auf die **Gegenwart**, der **Konjunktiv Imperfekt** auf die
Vergangenheit.

Übung 62   Fragen über Fragen: Übersetzen Sie ins Deutsche und antworten Sie anschlie-
ßend auf Deutsch.

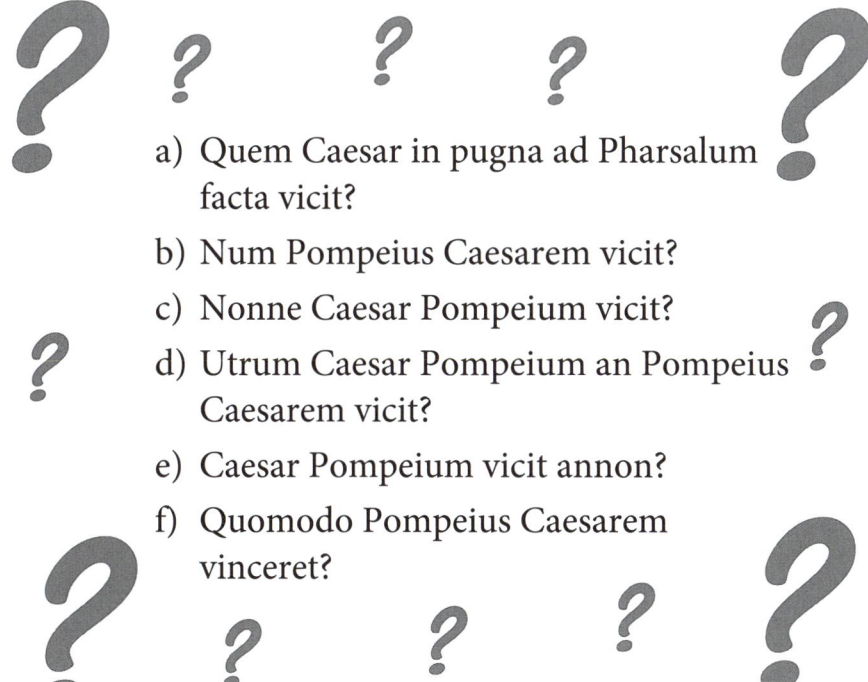

a) Quem Caesar in pugna ad Pharsalum facta vicit?

b) Num Pompeius Caesarem vicit?

c) Nonne Caesar Pompeium vicit?

d) Utrum Caesar Pompeium an Pompeius Caesarem vicit?

e) Caesar Pompeium vicit annon?

f) Quomodo Pompeius Caesarem vinceret?

11 Die Nebensatzarten

Neben der Partizipialkonstruktion verwendet das Lateinische wie das Deutsche den Nebensatz (oder Gliedsatz), um zusätzliche Bemerkungen und Erklärungen zu einem Hauptsatz zu geben. Es gibt drei Nebensatzarten:

- den **konjunktionalen Nebensatz**
- den **Relativsatz**
- den **indirekten Fragesatz**

Auch der Nebensatz stellt übrigens nur ein umfangreicheres Satzglied des einfachen Satzmodells dar. Er steht

- an der **Subjektstelle**:

  S +   O +   P
  Quod me visitas, me   iuvat.
  Dass du mich besuchst, freut mich.

- an der **Objektstelle**:

  S + P +   Akk.-O.
  Rogas,   cur te visitem.
  Du fragst, warum ich dich besuche.

- als **Attribut**:

  S /   Attribut +   P/Adv.
  Agricola, qui bene serit,   bene metet.
  Ein Bauer, der gut sät, wird gut ernten.

- als **Adverbiale**, z. B. als Adverbiale des Grundes:

  S +   O + P +   Adverbiale
  Magister te   laudat, quod multum didicisti.
  Der Lehrer lobt dich, weil du viel gelernt hast.

11.1 Indikativ oder Konjunktiv im Nebensatz

Das im Begriff Konjunktiv steckende Verbum zeigt schon seine Funktion:
coniungere – „verbinden". Folgende Grundregel gilt für den Gebrauch der
Modi im Nebensatz:

Ist ein Nebensatz inhaltlich oder gedanklich eng mit dem Hauptsatz verbunden, steht er im
Konjunktiv. Innerlich abhängige Nebensätze stehen immer im Konjunktiv.

Folgende zwei Beispielsätze sollen dies verdeutlichen:

Caesar ad flumen Rhenum ire constituit, quod in Alpibus originem habet.
*Cäsar beschloss, an den Rhein zu rücken, der in den Alpen seinen Ursprung
hat.*

Hier hat die Tatsache, dass der Rhein in den Alpen entspringt (Nebensatz),
nichts mit dem Beschluss Cäsars zu tun, an den Rhein zu rücken (Hauptsatz):
Der Nebensatz steht im Indikativ.

Caesar exercitum Rhenum traiecit, ut Germanis terrorem inic**eret**.
*Cäsar setzte sein Heer über den Rhein, um den Germanen einen Schrecken
einzujagen.*

Hier gibt der Nebensatz das Ziel Cäsars an: Er will den Germanen einen Schre-
cken einjagen. Da der Nebensatz also gedanklich und inhaltlich eng mit dem
Hauptsatz verzahnt ist, steht er im Konjunktiv.
Grundsätzlich steht der Nebensatz im Konjunktiv, wenn er, wie hier, einen
Gedanken des im Hauptsatz tätigen Subjekts ausdrückt. Dann ist der Neben-
satz innerlich vom Hauptsatz abhängig, wie man sagt.

11.2 Der konjunktionale Nebensatz

Konjunktionale Nebensätze sind die in lateinischen Texten am häufigsten vor-
kommenden Nebensätze. Sie werden durch ein Bindewort, eine **Konjunk-
tion**, mit dem Hauptsatz verbunden. Sie können alle möglichen Erklärungen
zum Hauptsatz enthalten:

- **Temporalsätze** geben eine **Zeit** an. Sie sagen, wann die Handlung des
  Hauptsatzes stattfindet.
  Konjunktionen: als, nachdem, sobald, solange usw.

- **Finalsätze** drücken einen **Wunsch**, eine **Absicht** oder ein **Ziel** aus. Sie sagen, was jemand will oder welchem Zweck die Handlung des Hauptsatzes dient.
  Konjunktionen: dass, damit

- **Konsekutivsätze** geben die **Folge** einer Handlung an. Sie sagen, wozu die Handlung des Hauptsatzes führt.
  Konjunktion: sodass

- **Kausalsätze** nennen einen **Grund**. Sie sagen, weswegen die Handlung des Hauptsatzes erfolgt.
  Konjunktionen: weil, da

- **Konditionalsätze** nennen eine **Bedingung**. Sie sagen, unter welcher Voraussetzung die Handlung des Hauptsatzes möglich ist.
  Konjunktion: wenn

- **Konzessivsätze** geben eine **Einschränkung** zum Hauptsatz an. Sie sagen, dass die Handlung des Hauptsatzes abläuft, obwohl ihr etwas entgegensteht.
  Konjunktionen: obwohl, obgleich, auch wenn

- **Adversativsätze** nennen einen **Gegensatz**. Sie sagen, dass es eine zur **Handlung** des Hauptsatzes gegensätzliche Handlung gibt.
  Konjunktion: während

- **Modalsätze** geben die **Art und Weise** der Handlung an, sie sagen, wie die Handlung des Hauptsatzes geschieht.
  Konjunktion: indem

- **Faktische quod-Sätze** beschreiben eine **Tatsache**, sie sagen, was die **Handlung** des Hauptsatzes bestimmt.
  Konjunktion: (die Tatsache,) dass

Bevor die wichtigsten Einzelheiten zu den konjunktionalen Nebensätzen wiederholt werden, sollen alle wichtigen lateinischen Konjunktionen in einer Tabelle zusammengefasst werden. Sie enthält die jeweilige Konjunktion, gibt den Modus (Indikativ oder Konjunktiv) an, der bei dieser Konjunktion möglich ist, nennt die deutsche Bedeutung und schließt mit der durch die jeweilige Konjunktion eingeleiteten Nebensatzart.
In der Tabelle gelten folgende Abkürzungen:

temp.:	temporaler Nebensatz	fin.:	finaler Nebensatz
kons.:	konsekutiver Nebensatz	kaus.:	kausaler Nebensatz
kond.:	konditionaler Nebensatz	konz.:	konzessiver Nebensatz
adv.:	adversativer Nebensatz	mod.:	modaler Nebensatz
fac.:	faktischer quod-Satz		

Konjunktionen

	Konjunktion	Modus	deutsche Bedeutung	Art des Nebensatzes
1.	cum	Konj.	*als, nachdem*	temp.
2.	cum	Ind.	*jedes Mal, wenn*	(temp.)[1]
3.	cum	Ind. (Perfekt)	*als plötzlich*	(temp.)[2]
4.	dum, quoad, quamdiu, donec	Ind.	*solange als*	temp.
5.	dum, quoad	Ind. oder Konj.	*solange bis*	temp.
6.	antequam, priusquam	Ind. oder Konj.	*ehe, bevor*	temp.
7.	postquam	Ind.	*nachdem*	temp.
8.	simul, simulatque, ut, ut primum, ubi, ubi primum	Ind.	*sobald*	temp.
9.	ut	Konj.	*dass, damit*	fin.
10.	ne	Konj.	*dass, damit nicht*	fin.
11.	ne *(nach Verben des Hinderns u. Fürchtens)*	Konj.	*dass*	fin.
12.	ut	Konj.	*sodass*	kons.
13.	ut non	Konj.	*sodass nicht*	kons.
14.	quod, quia	Ind.	*weil, da*	kaus.
15.	quoniam	Ind.	*weil ja, da ja*	kaus.
16.	cum	Konj.	*weil, da*	kaus.
17.	quippe cum	Konj.	*weil ja*	kaus.
18.	praesertim cum	Konj.	*besonders weil*	kaus.
19.	si	Ind. oder Konj.	*wenn*	kond.
20.	nisi	Ind. oder Konj.	*wenn nicht*	kond.
21.	quamquam	Ind.	*obwohl, obgleich*	konz.
22.	tametsi, etsi, etiamsi	Ind.	*auch wenn*	konz.
23.	cum	Konj.	*obwohl, obgleich*	konz.
24.	cum	Konj.	*während dagegen*	adv.
25.	cum	Ind.	*indem*	mod.
26.	quod	Ind.	*dass*	fac.

1 Die Grammatiker bezeichnen dieses *cum* als *cum iterativum*.
2 Die Grammatiker bezeichnen dieses *cum* als *cum inversum*.

Übung 63   Ordnen Sie folgende Konjunktionen mit angegebenem Modus und angegebener Bedeutung der jeweiligen Art des Nebensatzes zu, den sie einleiten. Benutzen Sie die Abkürzungen zur Bestimmung des Nebensatzes.

a) quamdiu + Ind. (solange als)

b) praesertim cum + Konj. (besonders weil)

c) nisi + Ind./Konj. (wenn nicht)

d) postquam + Ind. (nachdem)

e) quoad + Konj. (solange bis)

f) ut primum + Ind. (sobald)

g) ne + Konj. (damit nicht)

h) ut + Konj. (damit oder sodass)

i) quoniam + Ind. (weil ja)

j) ut non + Konj. (sodass nicht)

Nun noch ein paar Hinweise zur Konjunktion *cum*, welche die Tabelle durchschaubarer machen werden. Wir zitieren dabei die Ziffern der Tabelle:

Die vier verschiedenen Bedeutungen von cum + Konjunktiv

- Das **cum historicum** (1) gibt einen **Zeitpunkt** in der Vergangenheit an:
  Beispiel: Haec cum animadvertisset, Caesar centuriones vehementer incusavit.
  Als er dies erfahren hatte, hat Cäsar die Centurionen heftig angefahren.

- Das **kausale cum** (16) gibt einen **Grund** an:
  Beispiel: Dionysius, cum in foro dicere non auderet, loqui ex turri alta solebat.
  Dionysius pflegte, weil er auf dem Forum nicht zu sprechen wagte, von einem hohen Turm aus seine Ansprachen zu halten.

- Das **konzessive cum** (23) gibt eine **Einschränkung** an. Im Hauptsatz steht meist ein *tamen* – „trotzdem":
  Beispiel: Socrates cum facile posset educi e custodia, tamen noluit.
  Obwohl Sokrates leicht hätte aus dem Gefängnis entführt werden können, wollte er dennoch nicht.

- Das **adversative cum** (24) drückt einen **Gegensatz** aus:
  Beispiel: Cum ego laborarem, tu voluptatibus te tradidisti.
  Während ich arbeitete, hast du dich den Vergnügungen überlassen.

---

1 Ein Centurio ist der Führer einer Hundertschaft Soldaten.
2 Dionysius war der gefürchtete Tyrann von Syrakus (4. Jh. v. Chr.).

Neben dem konzessiven *cum* werden, wenn auch sehr selten, folgende Konjunktionen und Ausdrücke zur **Einleitung eines konzessiven Nebensatzes** verwendet, die alle mit dem Konjunktiv verbunden sind: *licet* – „angenommen, dass"; *ut* – „gesetzt den Fall, dass"; *ne* – „zugegeben, dass nicht"; *ut non* – „selbst in dem Fall, dass nicht"; *quamvis* – „wie sehr auch". Hier empfiehlt sich die immer gleiche Übersetzung mit „mag auch":

> Licet me irrideat, si quis vult, plus apud me vera ratio valebit.
> *Mag mich auch verlachen, wenn jemand will, mehr wird bei mir die wahre Vernunft gelten.*

Übung 64 Finden Sie die passende deutsche Übersetzung für folgende Beispiele von cum-Sätzen mit Konjunktiv. Die Sinnrichtung des Nebensatzes ist jeweils angegeben.

a) cum historicum: ... cum Caesar Galliam expugnaret.

_____

b) cum concessivum: ... cum vicisset.

_____

c) cum adversativum: ... cum Hercules a deis ortus sit.

_____

d) cum causale: ... cum multa disceret.

_____

Die drei verschiedenen Bedeutungen von cum + Indikativ

- Das **cum iterativum** (2) gibt den Zeitpunkt einer wiederholten Handlung an
  Beispiel: Cum me visitabas, valde gaudebam.
  Jedes Mal, wenn du mich besuchtest, habe ich mich sehr gefreut.
- Das **cum inversum** (3) bezeichnet den Zeitpunkt eines plötzlich und überraschend eintretenden Ereignisses, das die Handlung des Hauptsatzes unterbricht.
  Beispiel: Convivae accubabant, cum nuntius irrupit.
  Die Gäste lagen zu Tische, als plötzlich der Bote hereinstürzte.

- Das **cum coincidens** oder **cum explicativum** (25) signalisiert die zeitliche und sachliche Übereinstimmung der Handlung des Hauptsatzes mit der Handlung des Nebensatzes. Einfacher: Es sagt, **wie** etwas geschieht (darum in der Tabelle mod.). Der Nebensatz steht immer im gleichen Tempus wie das Prädikat des Hauptsatzes:

  Beispiel: Cum tacent, oratorem contemnunt.

  Indem sie schweigen, drücken sie dem Redner ihre Verachtung aus.

Übung 65   Übersetzen Sie die Sätze und geben Sie die jeweilige Sinnrichtung des cum-Satzes an (z. B. cum iterativum).

a) Cum Galli Romae appropinquarent, Romani se in Capitolium retulerunt.

b) Propinqui semper conveniunt, cum mortuus familiaris sepelitur (sepelire: *begraben, bestatten*).

c) Cum tacebant, senatores consentiebant.

d) Cum obscuritatem noctis timeret, dominus nocte servos secum habebat.

e) Hannibal sub muris castra habebat, cum Romani e portis eruperunt.

f) Cum ab hostibus victi essent, imperator tamen virtutem militum laudavit.

g) Ego otio me dabam, cum amicus laboraret.

11.2.1 Hinweise zum finalen Nebensatz

Aus dem **finalen ne** – „dass nicht" (10) wird nach **Verben des Hinderns und Fürchtens** ein *ne* – „dass" (11):

Ne me contemnat!
Er soll mich nicht verachten!

Eum exhortor, ne me contemnat.
Ich fordere ihn auf, dass er mich nicht verachtet.

Eum prohibeo, ne me contemnat.
Ich hindere ihn daran, dass er mich verachtet.

Timeo, ne me contemnat.
Ich fürchte, dass er mich verachtet.

Beim **finalen ut** steht gar nicht so selten statt *ut eo* + Komparativ ein *quo* (= *ut eo*) + Komparativ:

Caesar itineribus magnis in Galliam contendit, quo (= ut eo) celerius hostes incursare posset.
Cäsar marschierte eilig nach Gallien, damit er die Feinde umso schneller angreifen konnte.

Das **verneinte finale ut** (9) wird zu *ne* (10), das **konsekutive ut** (12) aber wird mit *ut non* (13) verneint.

11.2.2 Der Konditionalsatz

Konditionalsätze können im **Realis**, im **Potentialis** (vgl. Kap. 8.3) und im **Irrealis** (vgl. Kap. 8.4) stehen:

Si volo, vinco.
Wenn ich will, siege ich (Realis).

Si velim, vincam.
Wenn ich wollte, könnte ich vielleicht siegen (Potentialis).

Si vellem, vincerem.
Wenn ich wollte, würde ich siegen (Irrealis der Gegenwart).

Si voluissem, vicissem.
Wenn ich gewollt hätte, hätte ich gesiegt (Irrealis der Vergangenheit).

Übung 66   Zur Wiederholung der konjunktionalen Nebensätze soll nun mit einem Test abgeschlossen werden. Füllen Sie die folgende Tabelle aus.

	Konjunktion	Modus	deutsche Bedeutung	Art des Nebensatzes
1.	cum			
2.	cum			
3.	cum			
4.	dum, quoad, quamdiu, donec			
5.	dum, quoad			
6.	antequam, priusquam			
7.	postquam			
8.	simul, simulatque, ut, ut primum, ubi, ubi primum			
9.	ut			
10.	ne			
11.	ne (nach Verben des Hinderns u. Fürchtens)			
12.	ut			
13.	ut non			
14.	quod, quia			
15.	quoniam			
16.	cum			
17.	quippe cum			
18.	praesertim cum			
19.	si			
20.	nisi			
21.	quamquam			
22.	tametsi, etsi, etiamsi			
23.	cum			

24.	cum			
25.	cum			
26.	quod			

11.2.3 Die Zeitenfolge in konjunktivischen Nebensätzen

Auch in konjunktivischen Nebensätzen hält sich das Lateinische bei der Zeitenfolge (Consecutio temporum) an strenge Regeln: Zwei Fragen müssen hier immer geklärt werden:

* Steht im **Hauptsatz Präsens oder Vergangenheit** (Imperfekt, Perfekt oder Plusquamperfekt)? Ein Futur im Hauptsatz wird wie Präsens behandelt.
* Ist die Handlung des Nebensatzes zur Handlung des Hauptsatzes **gleichzeitig oder vorzeitig,** ist also die Handlung des Nebensatzes schon vor der Handlung des Hauptsatzes abgelaufen?

Somit ergeben sich folgende Möglichkeiten:

	Hauptsatz	Ablauf NS / HS	Nebensatz
1.	Präsens	*gleichzeitig*	Konjunktiv Präsens
2.	Präsens	*vorzeitig*	Konjunktiv Perfekt
3.	Vergangenheit	*gleichzeitig*	Konjunktiv Imperfekt
4.	Vergangenheit	*vorzeitig*	Konjunktiv Plusquamperfekt

Die vier Möglichkeiten sollen an einem Beispiel durchgespielt werden:

1. Ratio nos iubet amicitias iungere, cum vita sine amicis metus plena sit.
   Die Vernunft befiehlt uns, Freundschaft zu schließen, da ein Leben ohne Freunde voller Furcht ist.

2. Ratio nos iubet amicitias iungere, cum vita sine amicis metus plena fuerit.
   Die Vernunft befiehlt uns, Freundschaft zu schließen, da ein Leben ohne Freunde voller Furcht gewesen ist.

3. Ratio nos iubebat amicitias iungere, cum vita sine amicis metus plena esset.
   Die Vernunft befahl uns, Freundschaft zu schließen, da ein Leben ohne Freunde voller Furcht war.

4. Ratio nos iubebat amicitias iungere, cum vita sine amicis metus plena fuisset.
Die Vernunft befahl uns, Freundschaft zu schließen, da ein Leben ohne Freunde voller Furcht gewesen war.

Übung 67 Übersetzen Sie folgende Sätze, nachdem Sie das Zeitverhältnis des Nebensatzes zum Hauptsatz festgestellt haben.

a) Caesar cum Galliam expugnavisset, Romam revertit.

_____

b) Cum ex itinere reverteris, me visita!

_____

c) Deos oraverat, ut sibi in inopia adessent.

_____

d) Cum deos oravisset, ei in inopia aderant.

_____

11.3 Der Relativsatz

Normalerweise steht der Relativsatz im Indikativ. Er tritt, wie alle Nebensätze, in den Konjunktiv, wenn er gedanklich und inhaltlich besonders eng mit dem Hauptsatz verbunden ist. Das ist vor allem dann der Fall, wenn er

- das **Ziel** der im Hauptsatz enthaltenen Handlung angibt, z. B.:

  Caesar legatos Romam misit, qui victoriam nuntiarent.
  Cäsar schickte Gesandte nach Rom, welche den Sieg melden sollten.

  Hier ersetzt der Relativsatz einen **finalen** ut-Satz:
  Caesar legatos Romam misit, ut victoriam nuntiarent.
  Cäsar schickte Gesandte nach Rom, damit sie den Sieg meldeten.

- die **Folge** der im Hauptsatz enthaltenen Handlung bezeichnet, z. B.:

  Quis est tam mente captus, qui deos esse neget.
  Wer ist so verrückt, der die Existenz von Göttern leugnete.

Hier ersetzt der Relativsatz einen **konsekutiven** ut-Satz:

Quis est tam mente captus, ut deos esse neget.

Wer ist so verrückt, dass er die Existenz von Göttern leugnete.

Das Sprachgefühl sagt, dass man den Relativsatz besser mit einem dass-Satz ins Deutsche bringt. Dies ist auch bei folgenden Ausdrücken der Fall, die ebenfalls stets den Konjunktiv im Relativsatz stehen haben:

dignus, qui – *würdig, dass*

idoneus, qui – *geeignet, dass*

nihil est, quod – *es gibt keinen Grund, dass*

- den **Grund** für die im Hauptsatz enthaltene Handlung nennt, z. B.:

Socrates, qui animo puerili esset, nihil de improbitate inimicorum suspicatus est.

Sokrates, der von kindlichem Gemüt war, ahnte nichts von der Schlechtigkeit seiner Feinde.

Hier ersetzt der Relativsatz einen **kausalen** cum-Satz:

Socrates, cum animo puerili esset, nihil de improbitate inimicorum suspicatus est.

Weil Sokrates von kindlichem Gemüt war, ahnte er nichts von der Schlechtigkeit seiner Feinde.

Übung 68 Wandeln Sie im Folgenden die Relativsätze in konjunktionale Nebensätze (mit *cum* – weil, *ut* – damit, *ut* – sodass) um. Übersetzen Sie die veränderten Sätze.

a) Miltiades nuntium Athenas misit, qui victoriam Marathoniam ibi nuntiaret.

_____

_____

b) Cicero, qui philosophos Graecos valde diligeret, Athenis Academiam frequentabat (frequentare: *oft besuchen*).

_____

_____

c) Nemo tam fortis invenitur, qui pugnam contra Herculem non timeat.

_____

_____

Der Gebrauch der Modi macht beim Relativsatz keine Schwierigkeiten. Komplizierter wird die Sache, wenn ein sogenannter **verschränkter Relativsatz** vorliegt. Dabei kann die Verschränkung mit einem konjunktionalen Nebensatz von der schwierigeren Verschränkung mit einem AcI unterschieden werden.

11.3.1   Der mit einem konjunktionalen Nebensatz verschränkte Relativsatz

Hier verschmilzt ein Relativsatz mit einem konjunktionalen Nebensatz zu einer Einheit, die man im Deutschen nicht nachbilden kann. Im Deutschen müssen beide Nebensätze wieder voneinander getrennt werden:

> Admiramur Alexandrum, qui si diutius vixisset, totum orbem terrarum subegisset.
> *Wir bewundern Alexander, der den ganzen Erdkreis unterworfen hätte, wenn er länger gelebt hätte.*

Das Relativpronomen kann auch in einem anderen Kasus als dem Nominativ stehen:

> Admiramur Alexandrum, cui si vita longior contigisset, totum orbem terrarum subegisset.
> *Wir bewundern Alexander, der den ganzen Erdkreis unterworfen hätte, wenn ihm ein längeres Leben zuteilgeworden wäre.*

Nun erscheint *cui* in der deutschen Übersetzung zweimal:

> cui
>
> der ..., wenn ihm ...

Das Relativpronomen steht im Deutschen im Nominativ, der Dativ hat sich auf das Personalpronomen im wenn-Satz übertragen.

11.3.2   Der mit einem AcI verschränkte Relativsatz

Im schon arg komplizierten, aber leider gar nicht so seltenen Fall des mit einem AcI verschränkten Relativsatzes muss sich der Relativsatz gewissermaßen nach zwei Seiten orientieren. Er bezieht sich einerseits auf das Bezugswort im übergeordneten Hauptsatz, er ist andererseits abhängig von einem Verbum, das den AcI regiert, steht also in einer Infinitivkonstruktion. Auch dafür gibt es im Deutschen natürlich keine direkte Entsprechung.

Für den folgenden Beispielsatz gibt es **drei Möglichkeiten** der Übersetzung:

Admiramur Ciceronem, quem maximum oratorem fuisse scimus.

1 mit der **Parenthese** „– wie wir wissen –":

Das Verbum, von dem der AcI abhängt, tritt zwischen zwei Gedanken-
strichen neben den Satz.
Wir bewundern Cicero, der – wie wir wissen – der größte Redner war.

2 mit dem Ausdruck „**von dem …, dass**":

Wir bewundern Cicero, von dem wir wissen, dass er der größte Redner war.

3 mit **Präpositionalausdruck:**

Das Verbum, von dem der AcI abhängt, wird zum Substantiv.
Wir bewundern Cicero, der nach unserem Wissen der größte Redner war.

Im lateinischen Beispielsatz ist das Relativpronomen im Akkusativ gleich-
zeitig das Subjekt des AcI (zum AcI vgl. S. 88 ff.). Das muss nicht so sein,
wie der folgende, das Beispiel verändernde Satz zeigt:

Admiramur Ciceronem, cui nullum alium oratorem parem fuisse scimus.

*Wir bewundern Cicero, dem – wie wir wissen – kein anderer Redner
gewachsen war.*

Jetzt ist *oratorem* Subjekt des AcI, mit dem der Relativsatz verschränkt ist.

---

ung 69 Übersetzen Sie folgenden Satz, wobei Sie für den mit AcI verschränkten
Relativsatz jeweils drei Übersetzungsmöglichkeiten wählen.

Diligimus homines, quos nobis utiles esse arbitramur.

1 _____

2 _____

3 _____

11.3.3 Der relative Satzanschluss

Mit dem relativen Satzanschluss behandeln wir im Folgenden eine wichtige, aber keineswegs schwierige Ergänzung zu den Relativsätzen.

> Helvetii continentur flumine Rheno, qui agrum eorum a Germanis dividit.
> *Die Helvetier werden vom Rhein eingeschlossen, welcher ihr Land von den Germanen trennt.*

Häufig wird ein Relativsatz im Lateinischen als Hauptsatz aufgefasst. Dann steht statt dem Komma ein Punkt und das Relativpronomen wird großgeschrieben. Es steht im sogenannten **relativen Satzanschluss:**

> Helvetii continentur flumine Rheno. Qui agrum eorum a Germanis dividit.
> *Die Helvetier werden vom Rhein eingeschlossen. Dieser trennt ihr Gebiet von den Germanen.*

Das lateinische Relativpronomen ist mit dem Demonstrativpronomen „dieser" wiederzugeben.

11.4 Der indirekte Fragesatz

Die dritte Nebensatzart ist der indirekte Fragesatz.

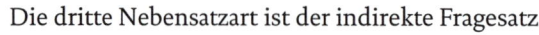

Wird ein Fragesatz einem **Verbum des Sagens, Fragens oder Wissens** untergeordnet, liegt eine abhängige oder eine indirekte Frage vor.

Beispiel: Quis mundum fecit?
Wer hat die Welt geschaffen?

Quaerimus, quis mundum fecerit.
Wir fragen, wer die Welt geschaffen hat.

Da die indirekte Frage immer aus einem Gedanken des im übergeordneten Satz redenden, fragenden oder wissenden Subjekts besteht, ist sie grundsätzlich innerlich abhängig (vgl. S. 97) und steht damit im **Konjunktiv**. Es gelten die Regeln der Zeitenfolge. Indirekte Satzfragen werden im Deutschen mit „ob" eingeleitet. Im Lateinischen haben wir dieselben Fragesignale wie in der direkten Frage, also *-ne, num, nonne, an* und *utrum ... an*.

Beispiele: Quaerimus, factusne mundus sit a deo.
Wir fragen, ob die Welt von Gott geschaffen worden ist.

Quaerimus, num mundus a deo factus sit.
Wir fragen, ob die Welt von Gott geschaffen worden ist.

bung 70 Vervollständigen Sie die indirekten Fragesätze, indem Sie das jeweils richtige Verb ergänzen. Übersetzen Sie anschließend ins Deutsche.

Scio, qui rex Persarum pugnae ad
Marathonem factae …

interfuit

interfuerit

interesset

Omnes intellexerunt, quos
philosophos Cicero maxime …

dilexerit

dilexit

diligeret

Drei Besonderheiten der indirekten Satzfrage

- Nach **verneinten Ausdrücken des Wissens** leitet öfter **an (non)** in der Bedeutung „ob (nicht)" den indirekten Fragesatz ein.

  Beispiel: Haud scio, an (non) aliquis domum intraverit.
  Ich weiß nicht, ob (nicht) jemand das Haus betreten hat.

- Nach **verneinten Ausdrücken des Zweifelns** (Zweifeln ist ein Sich-Fragen) wird ein indirekter Fragesatz mit **quin** in der Bedeutung „dass" eingeleitet.

  Beispiel: Non dubitabam, quin mihi veniam dares.
  Ich zweifelte nicht daran, dass du mir verzeihen würdest.

- Nach **exspectare** (abwarten), **experiri**, **conari** und **temptare** (versuchen) wird ein indirekter Fragesatz mit **si** in der Bedeutung „ob" eingeleitet.

  Beispiel: Amici conabantur, si Socratem e carcere servare possent.
  Die Freunde versuchten, ob sie Sokrates aus dem Gefängnis retten könnten.

Übung 71   Übersetzen Sie folgende indirekte Fragesätze ins Deutsche.

a) Hostes circumventi conabantur, si fugere possent.

_____

_____

b) Haud scio, an divitiae pluris quam honores sint.

_____

_____

c) Quis dubitavit, quin Caesare mortuo res publica non iam servari posset.

_____

_____

d) Haud sciebant, an hostes diu defendere possent.

_____

_____

Übung 72   Wählen Sie aus dem Verbenkonvolut die entsprechenden Verben aus und übersetzen Sie anschließend die indirekten Fragesätze.

a) Scio, qui rex Persarum pugnae ad Marathonem factae _____ .

b) Non scimus, utrum Catullus poeta Lesbiam _____ an

_____ .

c) Heri non sciebas, num hodie domi _____ .

interfuerit   interfuisset   esses

sis   odisset

oderit   amaverit   amet

12   Die Oratio obliqua

Die zu Unrecht oft gefürchtete Oratio obliqua läuft nach vier Regeln ab:

- Nach den **Verben des Sagens** steht der **AcI**.

  Beispiel: Ariovistus ad postulata Caesaris respondit se prius in Galliam venisse quam populum Romanum.
  Ariovist antwortete auf die Forderungen Cäsars, er sei früher nach Gallien gekommen als das römische Volk.

- **Konjunktionale** und **relative Nebensätze** drücken immer Gedanken des Sprechers aus, sind also innerlich abhängig und stehen somit im **Konjunktiv**.

  Beispiel: Ariovistus ... respondit ..., quia a Gallis vocatus esset.
  Ariovist antwortete ..., weil er von den Galliern gerufen worden sei.

- **Fragen** stehen als **indirekte Fragesätze** ebenfalls im **Konjunktiv**.

  Beispiel: Ariovistus rogavit, quid vellet.
  Ariovist fragte, was er (Cäsar) wolle.

- **Befehle** und **Aufforderungen** stehen auch im **Konjunktiv**, da sie finale ut-Sätze vertreten. Dabei kann die Konjunktion auch wegfallen.

  Beispiel: Ariovistus Caesarem admonebat, ne se offenderet, (ut) e provincia sua cederet.
  Ariovist forderte Cäsar auf, er solle ihn nicht beleidigen, er solle aus seiner Provinz weichen.

Nun werden die Worte des gefährlichen Germanenfürsten Ariovist zu einer zusammenhängenden indirekten Rede aneinandergefügt. Man sollte dabei auf die *Consecutio temporum* achten. Da das übergeordnete Verbum *respondit* ein Präteritum ist, bedeuten alle Konjunktive im Imperfekt Gleichzeitigkeit (vgl. S. 105).

Ariovistus ad postulata Caesaris respondit: Se prius in Galliam venisse quam populum Romanum, quia a Gallis vocatus esset. Quid vellet. Ne se offenderet, e provincia sua cederet.
Ariovist antwortete auf die Forderungen Cäsars: Er sei eher nach Gallien gekommen als das römische Volk, weil er von den Galliern gerufen worden sei. Was er wolle. Er solle ihn nicht beleidigen, er solle aus seiner Provinz weichen.

Übung 73 Lesen Sie sich folgenden Text aufmerksam durch.

Ariovistus ad Caesarem legatos misit: Velle se de iis rebus, quae inter eos agi coeptae neque perfectae essent, agere cum eo. Aut iterum colloquio diem constitueret aut, si id minus vellet, ex suis legatis aliquem ad se mitteret. Cur tot dies cunctaretur. Se ipsum omni tempore ad colloquendum paratum esse.

Beantworten Sie vor der Übersetzung folgende Fragen auf Deutsch:

a) Wer ist mit *se* gemeint? _____

b) Wer ist mit *eos* gemeint? _____

c) Wer ist mit *eo* gemeint? _____

d) Wer ist mit *ad se* gemeint? _____

Ergänzen Sie nun die fehlenden Lücken.

Ariovist hat Gesandte zu Caesar geschickt: _____ wolle über diese Angelegenheiten, deren Verhandlung bereits begonnen und noch nicht beendet sei, mit _____ verhandeln.
Entweder _____ einen neuen Termin für die Unterredung bestimmen oder, wenn _____, einen von _____ Gesandten _____ schicken. Warum er so viele Tage zögere. _____ sei zu jeder Zeit bereit _____.

Übung 74 Übersetzen Sie folgende Oratio obliqua. Die Situation ist folgende: Die Bellovaker, ein Cäsar feindlicher gallischer Stamm, bieten ihre Unterwerfung an und bitten um Schonung. Der Häduer Diviciacus, wie sein ganzer Stamm ein Freund Cäsars, verwendet sich für die Bellovaker:

Pro Bellovacis Diviciacus facit verba: Bellovacos omni tempore in fide atque amicitia civitatis Haeduorum fuisse. Impulsos ab suis principibus, qui dicerent Bellovacos a Caesare in servitutem redactum iri, populo Romano bellum intulisse. Hos principes, quod intellexissent, quantam calamitatem civitati intulissent, in Britanniam profugisse. Petere nunc non solum Bellovacos, sed etiam pro iis Haeduos et se Diviciacum: Caesar sua clementia ac mansuetudine in eos utatur. Quod si faciat, Bellovacos ei semper gratias acturos esse.

13 Die Satzanalyse

13.1 Modelle zur Periodenanordnung

Oft ist es gar nicht so einfach, die Struktur einer lateinischen Periode, eines umfangreicheren Satzgebildes, zu durchschauen. Da gilt es zunächst, eventuelle Nebensätze (oder Gliedsätze) vom Hauptsatz zu scheiden, was man sich am Modell klarer machen kann: HS steht für Hauptsatz, NS für Nebensatz. Der NS wird, da dem HS untergeordnet, nach unten versetzt geschrieben.
Ein paar Beispiele im Modell für mögliche **Periodenanordnungen:**

Noch relativ übersichtlich ist die Periode, wenn es sich um einen allein stehenden Hauptsatz (1.), eine Periode aus einem Haupt- und einem Nebensatz (2.) oder um eine Periode aus einem Haupt- und zwei gleichrangigen Nebensätzen handelt. Im letzteren Fall kann ein Nebensatz dem Hauptsatz vorausgehen und der andere dem Hauptsatz folgen (3.) oder beide stehen nach dem Hauptsatz (4.):

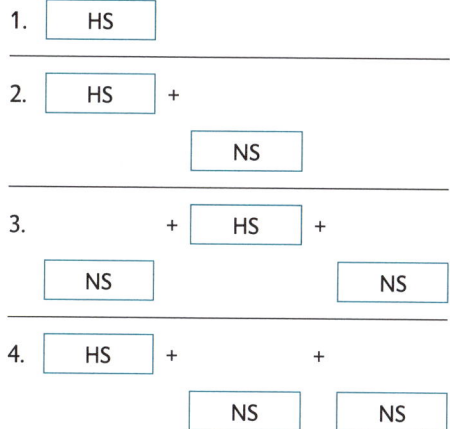

Komplizierter wird die Struktur, wenn der Nebensatz vom Hauptsatz umschlossen wird:

Ist ein Nebensatz nicht direkt dem Hauptsatz untergeordnet, sondern einem anderen Nebensatz, entstehen Unterordnungen verschiedenen Grades:

6.

| HS | + |

| NS | + | 1. Grades |

| NS | | 2. Grades |

13.2 Die Analyse eines Einzelsatzes

Sind in einem ersten Schritt der Analyse Hauptsätze und Nebensätze eingegrenzt und voneinander geschieden worden, folgt als zweiter Schritt die Analyse des Einzelsatzes, des Haupt- oder Nebensatzes. Dabei ist zunächst das (für Hauptsatz und Nebensatz gleiche) Satzmodell (vgl. S. 61 ff.) mit seinen einzelnen jeweils vorliegenden Teilen zu identifizieren, z. B.:

S (+ O) (+O) + P

Hier liegt die eigentliche Aussage des Satzes vor: Wir haben ein Prädikat, das Leerstellen für das Subjekt sowie ein oder mehrere Objekte öffnet. Zu diesem eigentlichen Satz können weitere den Satz ergänzende Aussagen hinzutreten, die es auszusondern gilt, um sie getrennt für sich betrachten zu können.

Zusätzliche Aussagen, die den einfachen Satz (Kernsatz) ergänzen und ein Verbum enthalten, welches das Handeln oder Leiden eines Gegenstandes beschreibt, können in folgender Form in einen lateinischen Satz eingebaut sein:
- als Accusativus cum Infinitivo (AcI),
- als Participium coniunctum (Part. coni.),
- als Ablativus absolutus (Abl. abs.).

Das einfache Satzmodell kann also folgendermaßen erweitert werden:

S (+ O) (+O) + P

AcI Part. coni. Abl. abs.

13.3 Die Satzanalyse eines Textes nach der „Kästchen-" und der „Einrückmethode"

Die Satzstruktur des folgenden Textbeispiels soll durch **Satzanalyse** klar werden:

> Quod ubi Caesar comperit, omnibus iis rebus confectis, quarum rerum causa traducere exercitum constituerat, ut Germanis metum iniceret, ut Sugambros ulcisceretur, ut Ubios obsidione liberaret, diebus omnino decem et octo trans Rhenum consumptis satis et ad laudem et ad utilitatem profectum arbitratus se in Galliam recepit pontemque rescidit.

Man trennt zunächst unter Verwendung der sogenannten **Einrückmethode** Hauptsatz und Nebensatz voneinander und stellt dabei zugleich das Abhängigkeitsverhältnis der einzelnen Nebensätze fest. Das geht so:

Bei jeder Satzgrenze zwischen Hauptsatz und Nebensatz oder Nebensatz und Nebensatz, die meist durch ein Komma gekennzeichnet ist, rutscht man beim Schreiben eine Zeile tiefer, wobei man gleichzeitig die jeweilige Unterordnung eines Satzes durch eine Verschiebung nach rechts kennzeichnet. Nur der Hauptsatz beginnt ganz am linken Rand:

> Quod ubi Caesar comperit,
omnibus iis rebus confectis,
> quarum rerum causa traducere exercitum constituerat,
>> ut Germanis metum iniceret,
>> ut Sugambros ulcisceretur,
>> ut Ubios obsidione liberaret,
diebus omnino decem et octo trans Rhenum consumptis satis et ad laudem et ad utilitatem profectum arbitratus se in Galliam recepit pontemque rescidit.

Das **Schema der Einrückmethode** sieht also folgendermaßen aus:

HS
    NS 1. Grades
        NS 2. Grades
            NS …

Nun soll die Satzstruktur unseres Textes noch durchsichtiger werden, indem die drei oben beschriebenen wichtigen Satzglieder (Kola; Singular: das Kolon) gekennzeichnet werden: der AcI, das Participium coniunctum, der Ablativus absolutus. Beachte: Diese Kola sind keine eigenen Sätze, sondern immer Glieder des Satzes, den sie erweitern.

Dabei machen wir eine Anleihe bei der sogenannten **Kästchenmethode**, welche die einzelnen Sätze durch Umrahmung mit Kästchen voneinander trennt. Folgende Symbole werden zur Kennzeichnung verwendet:

- ein Quadrat für den AcI: ❑
- ein gleichschenkliges Dreieck für das Participium coniunctum: Δ
- ein auf den Kopf gestelltes gleichschenkliges Dreieck für den Ablativus absolutus: ∇
- Die einzelnen Kola werden durch Klammern aus dem Text ausgegrenzt: ( )

Wendet man diese Symbole auf unseren Text an, ergibt sich folgendes Beispiel:

Quod ubi Caesar comperit,
(omnibus iis rebus confectis ∇),
    quarum rerum causa traducere exercitum constituerat,
        ut Germanis metum iniceret,
        ut Sugambros ulcisceretur,
        ut Ubios obsidione liberaret,
(diebus omnino decem et octo trans Rhenum, consumptis ∇)
(satis et ad laudem et ad utilitatem profectum ❑) (arbitratus Δ)
se in Galliam recepit pontemque rescidit.

Nachdem so die Struktur des Satzes klar geworden ist und eventuell unbekannte Wörter im Lexikon nachgeschlagen sind, dürfte die Übersetzung des Textes keine Schwierigkeiten mehr machen:

Als Cäsar dies erfuhr und all das durchgeführt hatte, weswegen er das Heer überzusetzen beschlossen hatte, nämlich den Germanen Schrecken einzujagen, an den Sugambrern Rache zu nehmen und die Ubier von ihrer Bedrängnis zu befreien, glaubte er, nach insgesamt 18 jenseits des Rheins verbrachten Tagen, genug zu Ruhm und Nutzen getan zu haben, marschierte nach Gallien zurück und ließ die Brücke wieder abbrechen.

Im folgenden Beispiel wird beides, die Scheidung von Haupt- und Nebensätzen durch die Einrückmethode und die Kennzeichnung der wichtigen Kola (AcI, Participium coniunctum, Ablativus absolutus) nach der Kästchenmethode verbunden. Zunächst der Text:

Cum defensionum laboribus senatoriisque muneribus aut omnino aut magna ex parte essem aliquando liberatus, rettuli me, Brute, te hortante maxime ad ea studia, quae retenta animo, remissa temporibus, longo intervallo intermissa revocavi, et cum omnium artium, quae ad rectam vivendi viam pertinerent, ratio et disciplina studio sapientiae, quae philosophia dicitur, contineretur, hoc mihi Latinis litteris inlustrandum putavi.

Und nun die Satzanalyse:

Cum defensionum laboribus senatoriisque muneribus aut
omnino aut magna ex parte essem aliquando liberatus,
rettuli me, Brute, (te hortante maxime ∇) ad ea studia,
quae (retenta animo, remissa temporibus, longo intervallo
intermissa △) revocavi,
et
cum omnium artium,
quae ad rectam vivendi viam pertinerent,
ratio et disciplina studio sapientiae,
quae philosophia dicitur,
contineretur,
(hoc mihi Latinis litteris inlustrandum ☐) putavi.

Nachdem ich von den Mühen der Verteidigung und senatorischen Aufgaben gänzlich oder zum großen Teil einmal befreit war, zog ich mich, Brutus, auf deine Mahnung besonders, zu jenen Studien zurück, die ich, nachdem sie im Herzen bewahrt, zeitweise aufgegeben, über einen langen Zeitraum unterbrochen waren, mir wieder vornahm, und da Geist und Aufbau aller Wissenschaften, die sich auf die rechte Art zu leben beziehen, in der Beschäftigung mit der Weisheit, die Philosophie heißt, enthalten sind, glaubte ich, dies müsse von mir in lateinischen Worten beleuchtet werden.

Übung 75 Analysieren Sie folgenden lateinischen Text nach der geübten Methode und
übersetzen Sie ihn anschließend ins Deutsche.

Caesar, quod neque colloquium interposita causa tolli volebat neque salutem
suam Gallorum equitatui committere audebat, commodissimum esse statuit
omnibus equis Gallis equitibus detractis eo legionarios milites legionis deci-
mae, cui maxime confidebat, imponere, ut praesidium quam amicissimum,
si quid opus facto esset, haberet.

Übung 76 Analysieren Sie folgenden Text nur nach der Einrückmethode (ohne die
Symbole der Kästchenmethode): Sie genügt sowohl zur logischen Durch-
dringung einer Satzperiode als auch für in Abituraufgaben geforderte Satz-
analysen. Übersetzen Sie den Text anschließend ins Deutsche.

Atque iis etiam, qui vendunt, emunt, conducunt, locant contrahendisque
negotiis implicantur, iustitia ad rem gerendam necessaria est, cuius tanta vis
est, ut ne illi quidem, qui maleficio et scelere pascuntur, possint sine ulla
particula iustitiae vivere.

Übung 77 Analysieren Sie folgenden Text nach der Einrückmethode und übersetzen Sie
ihn dann ins Deutsche.

Atque etiam, si hoc natura praescribit, ut homo homini, quicumque sit, ob eam
ipsam causam, quod is homo sit, consultum velit, necesse est secundum
eandem naturam omnium utilitatem esse communem.

Marcus Tullius Cicero (106–43 v. Chr.),
Redner, Staatsmann und Philosoph.
Rom, Museo della Civiltà Romana

Lösungsvorschläge

a) mensam bonam   Akkusativ Singular
b) mensa bona   Nominativ Singular, Ablativ Singular
c) mensis bonis   Dativ Plural, Ablativ Plural
d) mensas bonas   Akkusativ Plural
e) mensae bonae   Genitiv Singular, Dativ Singular, Nominativ Plural
f) mensarum bonarum   Genitiv Plural

a) agri boni   Genitiv Singular, Nominativ Plural
b) puer bonus   Nominativ Singular
c) bella bona   Nominativ Plural, Akkusativ Plural
d) bellum bonum   Nominativ Singular, Akkusativ Singular
e) agrorum bonorum   Genitiv Plural
f) pueris bonis   Dativ Plural, Ablativ Plural
g) agrum bonum   Akkusativ Singular
h) bello bono   Dativ Singular, Ablativ Singular

	ja	nein	Korrektur
agri boni	X		
oratore bono	X		
litus altus		X	litus altum
fratres pulchri	X		
pedibus parvis	X		
virtuti praeclari		X	virtuti praeclarae
bella bona	X		
puer bonus	X		
dona cara	X		
duce magnae		X	duce magno
uxorem parvam	X		
custodi fido	X		

Übung 4	oratores	naves	pueri/pueros
	oratore	nave	puero
	oratorum	navium	puerorum
	oratoris	navis	pueri

Übung 5 pars: Nominativ; a flumine: Ablativ; flumine: Ablativ; finibus: Ablativ (hier nicht Dativ); flumen (Rhenum): Akkusativ; ad septentriones: Akkusativ; ab ... finibus: Ablativ; partem: Akkusativ; fluminis: Genitiv; in septentrionem: Akkusativ; solem: Akkusativ; flumine: Ablativ; ad ... montes: Akkusativ; partem: Akkusativ; solis: Genitiv; inter ... septentriones: Akkusativ.

Übung 6 a) Markus hatte große Ängste (metus: Akkusativ Plural).
b) Die Angriffe des gefährlichen Heeres hatten die Bewohner Roms gut abgewehrt (impetus: Akkusativ Plural; exercitus: Genitiv Singular).
c) Die Römer fürchteten die Vorherrschaft des Senats nicht (principatum: Akkusativ Singular, senatus: Genitiv Singular).
d) Die schlimmen Zufälle bereiteten dem Herrn große Sorgen (casus: Nominativ Plural).
e) Die Schar der Soldaten hat heftig mit den Feinden gekämpft (manus: Nominativ Singular).
f) Nachdem die Stadt erobert worden war, haben die Feinde die Häuser angezündet (domos: Akkusativ Plural).

Übung 7 metu – urbe; impetus – gentis; exercitui – honori; manibus – gladiis; domos – milites; „casuum" und „dominum" können nicht zugeordnet werden.

Übung 8 Substantive, die nicht in die Schale passen: pedem (Akkusativ Singular), agri (Nominativ Plural oder Genitiv Singular), finis (Nominativ oder Genitiv Singular).
Die restlichen Substantive stehen alle im Ablativ.

ung 9

mulieris	☒ pulchrae	☐ felicibus	☒ fortis
rebus	☐ malus	☒ gravibus	☐ fortes
donorum	☐ iucundum	☐ pulchri	☒ malorum
dominus	☒ acer	☒ fortis	☒ felix
verba	☒ severa	☐ graves	☐ malae
navi	☒ ingenti	☐ grande	☒ parvae
maria	☐ altas	☐ fortes	☒ ingentia
homine	☒ iusto	☒ audaci	☐ forte
militis	☒ fortis	☐ felices	☐ malis

ung 10

simile – similius – **simillimum**
miseris – **miserioribus** – miserrimis
audacia –audaciora – audacissima
bonos – **meliores** – **optimos**

ung 11

a) Hic equus **maximus** omnium est.

b) Graeci **audaciores** quam Troiani sunt.

c) Milites Graeci **prudentissimi** sunt.

d) Helena **pulcherrima** omnium feminarum est.

ung 12

a) **pulchra**: Die Frau ist schön.

b) **prudenter**: Die Frau handelt klug.

c) **pulcherrimos**: Die Frau trägt sehr schöne Blumen.

d) **fortissimus**: Der Ehemann der Frau ist am tapfersten.

e) **clarior**: Diese Frau ist berühmter als jene.

f) **pulchrius**: Aber jene Frau singt schöner.

ung 13

sex et viginti = 26
ducenti viginti quinque = 225
quattuor et septuaginta = 74
undecim = 11

Übung 14
a) Akkusativ, Plural, maskulinum
b) Genitiv, Singular, maskulinum/Nominativ, Plural, maskulinum
c) Ablativ/Dativ, Plural, maskulinum/femininum/neutrum
d) Nominativ/Akkusativ, Singular, neutrum; Akkusativ, Singular, maskulinum
e) Genitiv, Plural, maskulinum
f) Ablativ/Dativ, Plural, maskulinum/femininum/neutrum

Übung 15
a) **qui:** Die Römer haben die Feinde, die ihr Lager aufschlugen, umzingelt.
b) **quarum:** Die Frauen, deren Männer nicht in der Stadt waren, waren traurig.
c) **quod:** Der Krieg, der im feindlichen Gebiet ausgetragen wurde, war heftig.

Übung 16
a) **hi** viri
b) **huic** navi
c) **haec** templa
d) **hos** viros
e) **his** feminis
f) **harum** uxorum
g) **hunc** virum
h) **hoc** templum
i) **haec** mater
j) **hic** dux

Übung 17

dolore	illa	isto	hoc
corpora	ista	illarum	hae
animi	istius	illi	huic
generis	hi	cuius	illo

Übung 18
1. **meam – me**
2. **suas**
3. **vestra – vobis**
4. **nostra**

Übung 19
2 a; 3 e; 4 d; 5 b
1 und c passen nicht zusammen.

bung 20

a) derselbe
b) jeder
c) irgendwer
d) ein gewisser
e) jeder
f) irgendwer
g) wer auch immer
h) jeder
i) irgendein
j) welcher auch immer

bung 21

a) wir loben; laudavimus: wir haben gelobt
b) sie wurden gelobt; laudati erant: sie waren gelobt worden
c) ich werde loben; laudavero: ich werde gelobt haben/ich habe gelobt
d) weil du mahnst; cum monueris: weil du gemahnt hast
e) er würde gemahnt werden; monitus esset: er wäre gemahnt worden
f) ihr mahntet; monueratis:ihr hattet gemahnt
g) ich werde gemahnt; monitus sum: ich bin gemahnt worden
h) er würde loben; laudavisset: er hätte gelobt
i) du wirst mahnen; monueris: du wirst gemahnt haben/du hast gemahnt
j) sie lobten; laudaverant: sie hatten gelobt

bung 22

a) **regebas:** Alle Formen außer *regebas* stehen im Perfekt.
b) **rexisti:** Alle Formen außer *rexisti* stehen im Passiv.
c) **regemus:** Alle Formen außer *regemus* stehen im Konjunktiv.

bung 23

Indikativ: capiunt, laudatis, regent, miseras, prohibui, duxero, movisti, paratus est

Konjunktiv: mitteret, augeamus, dubitemus, docuisses, ponas, laudatus esset, docuerim

bung 24

a) amavissent: 3. P. Pl. Konj. Plusquamperfekt Aktiv
b) caperes: 2. P. Sg. Konj. Imperfekt Aktiv
c) monitus sis: 2. P. Sg. Konj. Perfekt Passiv
d) capiam: 1. P. Sg. Konj. Präsens Aktiv **oder** 1. P. Sg. Ind. Futur I Aktiv
e) monebunt: 3. P. Pl. Ind. Futur I Aktiv
f) regeris: 2. P. Sg. Ind. Präsens Passiv **oder** 2. P. Sg. Ind. Futur I Passiv
g) audivisti: 2. P. Sg. Ind. Perfekt Aktiv
h) recti essent: 3. P. Pl. Konj. Plusquamperfekt Passiv
i) audiuntur: 3. P. Pl. Ind. Präsens Passiv
j) capiebam: 1. P. Sg. Ind. Imperfekt Aktiv

Übung 25   a) **sum:** Alle Formen außer *sum* stehen in der 2. Person Plural.
  b) **erat:** Alle Formen außer *erat* stehen im Konjunktiv.
  c) **fuero:** Alle Formen außer *fuero* stehen im Perfekt.

Übung 26   2225: fuissetis   2114: fuisti
  1111: sum   3225: fuissent
  1224: fuerimus   2112: eris
  3116: fuerit   2215: fueratis

Übung 27   a) potestis   b) potuistis   c) poterant
  d) potuerant   e) possitis   f) potuerimus

Übung 28   potuissent: 3. Person Plural, Konjunktiv, Plusquamperfekt
  poterat: 3. Person Singluar, Indikativ, Imperfekt
  possem: 1. Person Singular, Konjunktiv, Imperfekt
  potuero: 1. Person Singular, Indikativ, Futur II
  possim: 1. Person Singular, Konjunktiv, Präsens
  potuisses: 2. Person Singular, Konjunktiv, Plusquamperfekt
  potuisti: 2. Person Singular, Indikativ, Perfekt
  poterimus: 1. Person Plural, Indikativ, Futur I
  potes: 2. Person Singular, Indikativ, Präsens

Übung 29   ferat: 3. Person Singular, Konjunktiv, Präsens, Aktiv → servet
  tulerunt: 3. Person Plural, Indikativ, Perfekt, Aktiv → existimaverunt
  ferret: 3. Person Singular, Konjunktiv, Imperfekt, Aktiv → regeret
  feres: 2. Person Singular, Indikativ, Futur I, Aktiv → portabis
  lati sumus: 1. Person Plural, Indikativ, Perfekt, Passiv → missi sumus
  ferimini: 1. Person Plural, Indikativ, Präsens, Passiv → laudamini
  fert: 3. Person Singular, Indikativ, Präsens, Aktiv → est
  tulisset: 3. Person Singular, Konjunktiv, Plusquamperfekt, Aktiv → docuisset

Übung 30   a) Herostratus wurde ein berühmter Mann, nachdem er den Tempel der Diana in Ephesus angezündet hatte.
  b) Nach einem heißen Sommer wird der Winter kalt werden.
  c) Obwohl Cicero ein homo novus war, wurde er dennoch Konsul.

Übung 31   essem, fit, fies, sumus, (ma)vis, nollet, malumus, fui, ferrentur, volam

Übung 32   1h; 2e; 3g; 4c; 5b; 6a; 7d; 8f;

ung 33
a) velle
b) malle
c) nolle
d) fieri
e) esse
f) posse
g) ferre
h) ire

ung 34
a) amovere: entfernen
b) expellere: vertreiben
c) opponere: entgegenstellen (in *op-* steckt die Präposition *ob* – gegen)
d) edere: herausgeben
e) convenire: zusammenkommen, besuchen
f) satisfacere: Genugtuung verschaffen

ung 35
a) laudemus
b) prodest
c) afueramus
d) dans
e) cantare poteritis
f) moneremur
g) laudati erunt
h) impletum
i) cubuistis
j) isses
k) adiutus ero
l) praestiterunt
m) amavisti
n) peribat
o) ero

Lösung: Mens sana in corpore sano!

Ein gesunder Geist wohnt in einem gesunden Körper!

ung 36
a) S + P: Die Hunde bellen (*wörtlich:* schreien).
b) S + O + P: Sklaven und Sklavinnen dienen ihren Herren.
c) S + O + P: Der junge Mann sehnt sich nach seiner Freundin.

ung 37
a) **hostibus:** Cäsar hat die Feinde oft verschont.
b) **Imperatorem:** Dem Feldherrn entgeht, dass die Feinde schon geflohen sind.
c) **stultis:** Es ist schwierig, dumme (Leute) zu überzeugen.
d) **divitiis / sapientiae:** Der Weise wird nicht nach Reichtum, sondern nach Weisheit streben.
e) **officiorum:** Beamte werden niemals ihre Pflichten vergessen.

ung 38
a) maiorum: *Genitivus possessivus.* Die Römer folgten immer den Sitten ihrer Vorfahren.

b) mortis: *Genitivus obiectivus*. Aus Furcht vor dem Tod begehen manche Menschen sogar ein Verbrechen.

c) magnarum cupiditatum: *Genitivus qualitatis*; Catilinae: *Genitivus possessivus*. Sempronia, eine sehr leidenschaftliche Frau (*wörtlich:* eine Frau von großen Leidenschaften), unterstützte die Verschwörung Catilinas.

d) omnium: *Genitivus subiectivus*. Durch die Übereinstimmung aller wird der Staat erhalten.

e) hominum: *Genitivus partitivus*. Eine große Anzahl von Menschen hielt Cäsar nicht für einen Tyrannen.

f) mortuorum: *Genitivus obiectivus*; eorum: *Genitivus possessivus*. Durch die Erinnerung an die Toten wird deren Leben immer lebendig sein.

Übung 39

a) commeatu: *Ablativus separationis*. Cäsar war es gelungen, die Feinde von der Zufuhr abzuschneiden.

b) magno clamore: *Ablativus instrumenti*. Die Gallier haben die römischen Soldaten mit großem Geschrei erschreckt.

c) timore: *Ablativus causae*. Aus Furcht vor den Römern haben die Feinde nicht gewagt, einen Krieg anzufangen.

d) non amore, sed odio: *Ablativus causae*. Nicht aus Liebe, sondern aus Hass hat der Mann beschlossen, in die Heimat zurückzukehren.

e) inopia: *Ablativus causae*; iniuria: *Ablativus separationis*. Auch von Not bedrückt müssen sich die Menschen des Unrechts enthalten.

Übung 40

a) Der Mensch ist nicht allein für sich geboren, sondern für das Vaterland.

b) Der Feldherr kam seinem Legaten zu Hilfe.

c) Tugend gereicht einer Frau mehr zur Ehre als Schönheit.

Übung 41

a) Non forma, sed moribus (Ablativi causae) feminae viris placeant. Nicht aufgrund ihrer Schönheit, sondern aufgrund ihrer Sitten sollten Frauen den Männern gefallen.

b) Pars Romanorum (Genitivus partitivus) Caesarem, pars Pompeium Magnum (adjektivisches Attribut als Beiname) consulem volebat. Ein Teil der Römer wollte Cäsar, ein Teil Pompejus den Großen zum Konsul.

c) Desiderium patriae (Genitivus obiectivus) Ciceronem absentem (adjekt. Attribut) semper (Adverb) vexabat. Sehnsucht nach der Heimat quälte Cicero während seiner Abwesenheit immer.

d) Male (Adverb) dicit, qui odio (Ablativus causae) dicit. Schlecht spricht, wer aus Hass spricht.

ung 42 a) Die Eltern schicken ihre Kinder in die Schule (*wörtlich:* zu den Lehrern), damit sie sich Weisheit erwerben (*…paratum sibi sapientiam*).

b) Cäsar warf sich selbst unter die Soldaten, damit er die Feinde besiegte (*…hostes* <u>*superatum*</u>).

c) Der Bettler ging auf den Marktplatz, um Geld von Menschen zu erbitten (*…* <u>*oratum*</u> *pecuniam ab hominibus*).

ung 43 a) Inopia homines nonnumquam bestiae fiunt. In der Not werden Menschen manchmal zu Tieren.

b) Augustus a Romanis imperator non creabatur. Augustus wurde von den Römern nicht zum Kaiser gewählt.

c) Filius a patre ingeniosissimus putabatur. Der Sohn wurde von seinem Vater für außergewöhnlich begabt gehalten.

d) Is non iam amicus meus videtur. Er erscheint nicht mehr als mein Freund.

ung 44 Utinam exercitus Romanus hostes vicisset!: unerfüllbarer Wunsch für die Vergangenheit: Wenn doch das römische Heer die Feinde besiegt hätte!

Utinam semper contenti simus!: erfüllbarer Wunsch für die Gegenwart: Hoffentlich sind wir immer zufrieden!

Ne uxor mea maesta sit!: erfüllbarer Wunsch für die Gegenwart: Hoffentlich ist meine Frau nicht traurig!

Utinam miles Quintus viveret!: unerfüllbarer Wunsch für die Gegenwart: Wenn doch der Soldat Quintus noch am Leben wäre!

Ne dux interfectus esset!: unerfüllbarer Wunsch für die Vergangenheit: Wenn doch der Anführer nicht getötet worden wäre!

Utinam filius meus incolumis in patriam redierit!: erfüllbarer Wunsch für die Vergangenheit: Hoffentlich ist mein Sohn unverletzt in die Heimat zurückgekehrt!

ung 45 dederitis; veneris; miratus sis; miseritis

ung 46 ## Korb 1:
b) Du glaubst wohl, dass die Feinde schon besiegt seien.

e) Ich möchte vermuten, dass die Soldaten heftig mit den Feinden gekämpft haben.

Korb 2:

a) Mit mehr Mut hätten wir unsere Gegner vielleicht besiegen können.

c) Wie hätten wir dieser Gefahr entkommen können?

d) Du hättest selbst sehen können, dass du nicht richtig gehandelt hast.

Übung 47

a) Wenn ich Geld hätte, würde ich dich gerne unterstützen. Si pecuniam **habuissem**, te libenter **adiuvissem**.

b) Wenn Hannibal die Römer besiegen würde, wäre er der Herr der Welt. Si Hannibal Romanos **vicisset**, dominus mundi **fuisset**.

c) Das Leben wäre ohne Führung, wenn es keine Philosophen gäbe. Vita sine ducibus **fuisset**, si philosophi non **fuissent**.

Übung 48

a) Tristis **essem**, nisi amicos **haberem**.

b) Nisi Caesar patriam **desideraret**, tutus in Gallia **maneret**.

Übung 49

a) Wenn ich doch meine Eltern nie verlassen hätte.
Optativ

b) Deine Freunde mögen dich immer lieben./Deine Freunde könnten dich immer lieben.
Optativ/Potentialis

c) Wenn ich dich gesehen hätte, hätte ich dich gegrüßt.
Irrealis (der Vergangenheit)

d) Wenn wir doch alle unsterblich wären.
Optativ

e) Wenn ich nicht arbeiten würde, könnte ich nicht leben.
Irrealis (der Gegenwart)

f) Du hättest wohl glauben können, dass du schon besiegt seiest.
Potentialis (der Vergangenheit)

g) Kommt nicht in unser Haus!
Prohibitiv

h) Lasst uns den Krieg beginnen!/Hoffentlich beginnen wir den Krieg./Wir könnten den Krieg beginnen.
Hortativ/Optativ/Potentialis

Übung 50

a) dicendi: Karl der Große war in der Rhetorik erfahren (*wörtlich:* erfahren zu reden).

b) legendis: Er nahm sich viel Zeit für das Lesen von Büchern.

c) vivendum: Er erzog seine Kinder zum rechten Leben.

d) dicendi: Er selbst lernte die Redekunst (*wörtlich:* die Kunst, zu reden).

ung 51   a) Exercitui
   b) delendam
   c) pugnandi

ung 52   a) vive**ndo**: Philosophen haben über eine gute Lebensführung (*wörtlich:* gut zu leben) diskutiert.
   b) scribe**ndis**: Sie haben viel Zeit zum Schreiben von Briefen (*wörtlich:* Briefe-schreiben) verwendet.
   c) vive**ndum**: Alle Menschen müssen gut leben.
   d) fugie**ndi**: Die Bürger haben den Plan zur Flucht gefasst.
   e) serva**ndam**: Die Bürger waren bereit, ihre Heimat zu retten.
   f) vince**ndi**: Die Hoffnung, die Feinde zu töten, war groß.
   g) cole**ndus**: Ein Bauer muss auch einen schlechten Acker bebauen.
   h) despicie**ndi**: Du darfst ärmere Menschen nicht verachten.
   i) seque**nda**: Wir müssen den Worten der Philosophen folgen.
   j) oblivisce**ndum**: Du musst empfangenes Unrecht vergessen.

ung 53   a) <u>Hominem</u> – <u>agentem</u>: Einen Menschen, der nichts tut, wird niemand bewundern.
   b) <u>Dionysium</u> – <u>expulsum</u>: Ein gewisser Schriftsteller überliefert, dass Dionysius, nachdem er aus Syrakus vertrieben worden war, in Korinth Kinder unterrichtet hat.
   c) <u>rege – illaturo</u>: Ein gewaltiges Heer wurde vom König der Perser, der die Griechen bekämpfen wollte, zusammengezogen.

ung 54   a) **facientes:** Cäsar hat die Feinde, die einen Angriff ausübten, heftig ange-griffen.
   b) **expulsa:** Die Vielzahl an Bürgern, die aus der Stadt vertrieben worden war, starb auf der Reise.
   c) **cincti:** Obwohl die Soldaten von den Feinden umzingelt worden waren, waren sie dennoch guten Mutes.

ung 55   a) **Ludis Olympiacis ineuntibus:** Als die Olympischen Spiele begonnen haben, strömten viele Menschen nach Olympia zusammen.
   b) **populo convocato:** Nachdem das Volk zusammengerufen worden war, hielt Cicero eine sehr gute Rede.
   c) **Augusto regnante:** Der Dichter Horaz schrieb Gedichte, während Augustus regierte/zur Regierungszeit des Augustus.

Übung 56   excedentes; acris; senatori; oppida; recte

Übung 57

	✔	✗
Cäsar hat Gallien erobert und ist daraufhin nach Rom zurückgekehrt.	✗	
Cäsar, der Gallien erobert hatte, kehrte nach Rom zurück.	✗	
Weil Cäsar Gallien eroberte, kehrte er nach Rom zurück.		✗
Nach der Eroberung Galliens kehrte Cäsar nach Rom zurück.	✗	

1: Die Soldaten, die von Angst vor den Feinden ergriffen waren, zogen sich ins Lager zurück.

2: Weil die Soldaten von Angst vor den Feinden erfasst worden waren, zogen sie sich ins Lager zurück.

3: Die Soldaten wurden von Angst vor den Feinden ergriffen und zogen sich ins Lager zurück.

4: Aus Angst vor den Feinden zogen sich die Soldaten ins Lager zurück.

Übung 58

a) <u>Tarquinius Superbus</u> Ardeam <u>oppugnans</u> imperium perdidit.
   Tarquinius Superbus verlor seine Herrschaft, als er Ardea belagerte.

b) Athenienses <u>Alcibiadem</u> a rege Persarum <u>corruptum</u> accusaverunt.
   Die Athener klagten Alkibiades, der vom Perserkönig bestochen worden war, an.

c) C. Flaminius Caelius (religione neglecta) apud Trasumenum cecidit.
   C. Flaminius Cälius fiel, weil er die Religion vernachlässigt hatte (*wörtlich:* weil die Religion vernachlässigt worden war), am Trasimenischen See.

d) <u>Tribunus</u> militum milites in propinquum collem recepit se loci praesidio <u>defensurus</u>.
   Der Militärtribun zog die Soldaten auf den nahe gelegenen Hügel zurück, um sich unter dem Schutz des Platzes zu verteidigen.

e) (Pace facta) bellum finitum est.
   Nachdem das Friedensbündnis geschlossen worden war, wurde der Krieg beendet.

ung 59
a) <u>Nos homines mortales</u> <u>esse</u> scimus.
   Wir wissen, dass wir Menschen sterblich sind.
b) Romae <u>Galliam totam</u> a Caesare <u>subiectum iri</u> auditum est.
   In Rom hörte man, dass ganz Gallien von Cäsar unterworfen werden sollte.
c) <u>Multas terras</u> a Romanis <u>imperatas esse</u> scimus.
   Wir wissen, dass viele Länder von den Römern beherrscht wurden.
d) Vergilius <u>Aeneam</u> ab Asia in Italiam <u>venisse</u> narrat.
   Vergil erzählt, Äneas sei von Asien nach Italien gekommen.

ung 60
a) NcI; Lukretia soll sich selbst getötet haben.
b) AcI; Ein gewisser Schriftsteller überliefert, dass Rom von Romulus
   gegründet wurde.
c) NcI; Antonius soll Kleopatra geheiratet haben.
d) NcI; Man sagt, dass Homer den Dichter Vergil unterrichtet habe.

ung 61
a) Liebt er/sie mich? Antwort unentschieden: Ja oder nein.
b) Liebt er/sie mich denn nicht? Antwort: Doch, ja freilich!
c) Liebt er/sie mich etwa? Antwort: Nein, bestimmt nicht!

ung 62
a) Wen hat Cäsar in der Schlacht von Pharsalus besiegt? Pompeius.
b) Hat etwa Pompeius Cäsar besiegt? Nein, umgekehrt.
c) Hat denn nicht Cäsar Pompeius besiegt? Freilich.
d) Hat Cäsar Pompeius oder hat Pompeius Cäsar besiegt? Cäsar hat Pompeius
   besiegt.
e) Hat Cäsar Pompeius besiegt oder nicht? Doch!
f) Wie hätte Pompeius Cäsar besiegen sollen? Nicht vorstellbar!

bung 63
a) temp.	b) kaus.
c) kond.	d) temp.
e) temp.	f) temp.
g) fin.	h) fin. oder kons.
i) kaus.	j) kons.

bung 64
a) … als Cäsar Gallien eroberte.
b) … obwohl er gesiegt hatte.
c) … während dagegen Herkules von den Göttern abstammte.
d) … weil er viel lernte.

Übung 65 a) Als sich die Gallier Rom näherten, zogen sich die Römer auf das Kapitol zurück (cum historicum).

b) Die Verwandten kommen immer zusammen, wenn ein totes Familienmitglied bestattet wird (cum iterativum).

c) Indem sie schwiegen, stimmten die Senatoren zu (cum coincidens).

d) Weil er sich in der Dunkelheit der Nacht fürchtete, hatte der Herr nachts immer Sklaven bei sich (cum causale).

e) Hannibal lagerte am Fuß der Mauern, als die Römer plötzlich aus den Toren hervorbrachen (cum inversum).

f) Obwohl sie von den Feinden besiegt worden waren, hat der Feldherr trotzdem die Tapferkeit seiner Soldaten gelobt (cum concessivum).

g) Ich gab mich der Ruhe hin, während mein Freund arbeitete (cum adversativum).

Übung 66

	Konjunktion	Modus	deutsche Bedeutung	Art des Nebensatzes
1.	cum	Konj.	*als, nachdem*	temp.
2.	cum	Ind.	*jedes Mal, wenn*	(temp.), cum iterativum
3.	cum	Ind. (Perfekt)	*als plötzlich*	(temp.), cum inversum
4.	dum, quoad, quamdiu, donec	Ind.	*solange als*	temp.
5.	dum, quoad	Ind. oder Konj.	*solange bis*	temp.
6.	antequam, priusquam	Ind. oder Konj.	*ehe, bevor*	temp.
7.	postquam	Ind.	*nachdem*	temp.
8.	simul, simulatque, ut, ut primum, ubi, ubi primum	Ind.	*sobald*	temp.
9.	ut	Konj.	*dass, damit*	fin.
10.	ne	Konj.	*dass, damit nicht*	fin.
11.	ne *(nach Verben des Hinderns u. Fürchtens)*	Konj.	*dass*	fin.
12.	ut	Konj.	*sodass*	kons.
13.	ut non	Konj.	*sodass nicht*	kons.
14.	quod, quia	Ind.	*weil, da*	kaus.
15.	quoniam	Ind.	*weil ja, da ja*	kaus.

16.	cum	Konj.	*weil, da*	kaus.
17.	quippe cum	Konj.	*weil ja*	kaus.
18.	praesertim cum	Konj.	*besonders weil*	kaus.
19.	si	Ind. oder Konj.	*wenn*	kond.
20.	nisi	Ind. oder Konj.	*wenn nicht*	kond.
21.	quamquam	Ind.	*obwohl, obgleich*	konz.
22.	tametsi, etsi, etiamsi	Ind.	*auch wenn*	konz.
23.	cum	Konj.	*obwohl, obgleich*	konz.
24.	cum	Konj.	*während dagegen*	adv.
25.	cum	Ind.	*indem*	mod.
26.	quod	Ind.	*dass*	fac.

bung 67
a) vorzeitig: Als Cäsar Gallien erobert hatte, ist er nach Rom zurückgekehrt.
b) vorzeitig: Sobald du von der Reise zurückgekehrt bist, besuche mich!
c) gleichzeitig: Er hatte die Götter gebeten, dass sie ihm in der Not beistehen.
d) vorzeitig: Nachdem er die Götter gebeten hatte, standen sie ihm in der Not bei.

bung 68
a) …, ut victoriam Marathoniam ibi nuntiaret. Miltiades schickte einen Boten nach Athen, damit er den Sieg von Marathon dort melde.
b) …, cum philosophos Graecos valde diligeret. Cicero besuchte in Athen die Akademie (Platos), weil er die griechischen Philosophen sehr schätzte.
c) …, ut pugnam contra Herculem non timeat. Niemand erweist sich als so tapfer, dass er den Kampf gegen Herkules nicht fürchten würde.

bung 69
1 Wir schätzen Menschen, die uns – wie wir glauben – nützlich sind.
2 Wir schätzen Menschen, von denen wir glauben, dass sie uns nützlich sind.
3 Wir schätzen Menschen, die uns nach unserer Meinung nützlich sind.

bung 70
interfuerit: Ich weiß, welcher Perserkönig an der Schlacht bei Marathon teilgenommen hat.
diligeret: Alle haben erkannt, welche Philosophen Cicero am meisten schätzte.

Übung 71 a) Die umzingelten Feinde versuchten, ob sie fliehen könnten.

b) Ich weiß nicht, ob Reichtum mehr wert ist als Ehre.

c) Wer hat bezweifelt, dass nach dem Tod Cäsars die Republik nicht mehr erhalten werden konnte.

d) Sie wussten nicht, ob sie die Feinde lange abwehren könnten.

Übung 72 a) **interfuerit:** Ich weiß, welcher Perserkönig an der Schlacht bei Marathon teilgenommen hat.

b) **odisset/amaverit:** Wir wissen nicht, ob Dichter Catull Lesbia gehasst oder geliebt hat.

c) **esses:** Gestern wusstest du nicht, ob du heute zu Hause sein würdest.

Übung 73 a) Wer ist mit *se* gemeint?   **Ariovist**

b) Wer ist mit *eos* gemeint?   **Ariovist und Cäsar**

c) Wer ist mit *eo* gemeint?   **Cäsar**

d) Wer ist mit *ad se* gemeint?   **Ariovist**

Ariovist hat Gesandte zu Cäsar geschickt: **Er** wolle über diese Angelegenheiten, deren Verhandlung bereits begonnen und noch nicht beendet sei, mit **ihm** verhandeln. Entweder solle **er (Cäsar)** einen neuen Termin für die Unterredung bestimmen oder, wenn **er das weniger wolle**, einen von **seinen** Gesandten **zu ihm** schicken. Warum er so viele Tage zögere. **Er selbst** sei zu jeder Zeit bereit **zu einem Gespräch.**

Übung 74 Für die Bellovaker verwendet sich Diviciacus: Die Bellovaker seien immer in Treue und Freundschaft zum Volk der Häduer gestanden. Verleitet von ihren Führern, die sagten, die Bellovaker würden von Cäsar versklavt werden, hätten sie dem römischen Volk den Krieg erklärt. Diese Führer seien, weil sie eingesehen hätten, welchen Schaden sie ihrem Volk zugefügt hätten, nach Britannien geflohen. Jetzt würden nicht nur die Bellovaker, sondern auch die Häduer und er, Diviciacus, für sie bitten: Cäsar solle seine (bekannte) Milde und Großzügigkeit gegen sie walten lassen. Wenn er das tue, würden es ihm die Bellovaker immer danken.

Übung 75 In der ersten Übung zur Satzanalyse sollen alle wichtigen Schritte, die zur deutschen Übersetzung führen, ausführlich bewusst gemacht werden, bevor die von Ihnen geforderte Satzanalyse folgt. Die Einsicht in den Denkprozess,

den ein lateinischer Satz ausgelöst hat, wird „das Knacken" eines anderen unbekannten Textes wiederum ein wenig erleichtern.
Bei der Übersetzung der Periode fällt auf, dass die angewandte Analysemethode nur die Hauptlinien der Satzstruktur offenlegt. Bis zur endgültigen Übersetzung müssen noch **viele weitere Sprachsignale richtig gedeutet** werden.

Es sei vorausgeschickt, dass Cäsar sich auf eine Unterredung mit dem feindlichen Germanenfürsten Ariovist vorbereitet, die auf Wunsch Ariovists zu Pferde stattfinden soll. Der **Gesamtzusammenhang**, in dem ein Text steht, ist für seine Deutung immer besonders wichtig.

Am Anfang der Periode steht als **Subjekt** Cäsar.

Bevor wir hören, was Cäsar vorhat oder tut (Prädikat des Hauptsatzes), fällt uns gleich der **kausale Nebensatz** am Anfang ins Auge:
quod neque ... volebat neque ... audebat

der eine Begründung für Cäsars Handeln vorausschickt. Was Cäsar wollte *(volebat)*, wird im **AcI** ausgedrückt:
neque colloquium ... tolli
„dass die Unterredung nicht aufgehoben",

verhindert werde. Ein möglicher Verhinderungsgrund ist in einem **Ablativus absolutus** in den AcI eingeschoben:
interposita causa
„indem ein – wohl von Cäsar geäußerter – Grund dazwischengestellt",

vorgebracht würde, ein Vorwand also. Was Cäsar nicht wagte *(audebat)*, steht in einer bloßen **Infinitivkonstruktion:**
salutem suam Gallorum equitatui committere
„sein Heil der Reiterei der Gallier anzuvertrauen".

Nun wissen wir zwei Dinge: Cäsar will die Unterredung mit Ariovist nicht scheitern lassen, misstraut aber der aus Galliern bestehenden Reiterei. Was tut er also? Nun sind wir beim **Prädikat des Hauptsatzes**, gleichsam dem Kern der Periode:
statuit
„er kam zum Entschluss".

Der Inhalt des Entschlusses wird im **AcI** wiedergegeben:
commodissimum esse
„dass es am vorteilhaftesten sei",

das Beste sei. Was Cäsar für das Beste hält, wird wieder in einer **Infinitivkonstruktion** angeschlossen:

> *eo legionarios milites legionis decimae ... imponere*
> „dorthin die Legionssoldaten der zehnten Legion zu setzen".

Dieser Plan Cäsars wird erst durch die Auflösung des vorgeschalteten **Ablativus absolutus** klar:

> *omnibus equis Gallis equitibus detractis*
> „nachdem von allen Pferden die gallischen Reiter heruntergenommen worden sind".

Cäsar will also die Gallier von den Pferden nehmen, seine römischen Legionäre darauf *(eo)* setzen, die Gallier durch Römer ersetzen.

Die Rolle der zehnten Legion wird durch einen direkt an sie angebundenen **Relativsatz** näher beschrieben:

> *cui maxime confidebat*
> „welcher er am meisten vertraute".

Nun ist der Plan Cäsars klar: Er will die Unterredung mit Ariovist nicht scheitern lassen, einen eventuellen Hinderungsgrund, die unzuverlässige gallische Reiterei, beseitigt er, indem er sie durch römische Reiter ersetzt. Sinn und Ziel dieses Austausches wird in dem folgenden **finalen ut-Satz** nochmals deutlich formuliert:

> *ut praesidium quam amicissimum ... haberet*
> „damit er eine möglichst vertraute, ihm besonders gewogene *(amicissimum)* Schutzmannschaft bei sich habe".

„Für den Fall, dass ...", denkt man gleichsam automatisch hinzu. Cäsar bringt diese Einschränkung in dem vom Finalsatz umschlossenen **Konditionalsatz:**

> *si quid opus facto esset*

Dieser kurze Satz ist nicht ganz leicht zu entschlüsseln. Wir müssen uns an den Ausdruck erinnern:

> *opus est aliqua re*
> „etwas ist nötig".

Die benötigte Sache steht also im **Ablativ**, hier:

> *facto*

Nun muss noch erkannt werden, dass nach *si*

> *quid*

statt *aliquid* steht, das sich wohl auf *opus* beziehen muss: „wenn irgendein Bedürfnis nach einer Tat bestehe"; im Klartext: wenn es irgendwie eines Eingreifens (seitens der Reiterei) bedürfe.

Ganz deutlich wird bei einer solchen Durchdringung des lateinischen Textes, dass sich die **grammatikalisch-syntaktische Aufschlüsselung** mit der **Auf-**

deckung des Sinnes vereint. Beides ergänzt sich: Die Syntax führt zum Sinn, der schrittweise aufgedeckte Sinn des Textes wiederum erleichtert die Deutung der grammatikalisch-syntaktischen Signale. Eines darf freilich nie passieren: Dass man Signale aufgrund einer vorgefassten Meinung vom Textinhalt falsch liest, z. B. eine Akkusativendung für eine Genitivendung hält oder Ähnliches.

Hier die vollständige Satzanalyse nach der Einrück- bzw. Kästchenmethode:

Caesar,
    quod neque (colloquium (interposita causa V) tolli ☐) volebat neque
    salutem suam Gallorum equitatui committere audebat,
(commodissimum esse ☐) statuit (omnibus equis Gallis equitibus detractis V)
eo legionarios milites legionis decimae,
    cui maxime confidebat,
imponere,
    ut praesidium quam amicissimum,
      si quid opus facto esset,
    haberet.

Cäsar kam, da er die Unterredung weder an einem Vorwand scheitern lassen wollte noch sein Heil (Leben) der Reiterei der Gallier anzuvertrauen wagte, zu dem Entschluss, dass es das Beste sei, von allen Pferden die gallischen Reiter herunterzunehmen und an ihre Stelle Legionssoldaten der zehnten Legion, der er am meisten vertraute, zu setzen, damit er eine möglichst vertraute Schutzmannschaft habe, wenn es eines Eingreifens irgend bedürfe.

Übung 76   Atque iis etiam,
    qui vendunt, emunt, conducunt, locant contrahendisque negotiis
    implicantur,
iustitia ad rem gerendam necessaria est,
    cuius tanta vis est,
      ut ne illi quidem,
        qui maleficio et scelere pascuntur,
      possint sine ulla particula iustitiae vivere.

Und auch diejenigen, die verkaufen, einkaufen, pachten, verpachten und sich in Geschäfte verwickeln, brauchen notwendigerweise die Gerechtigkeit zu ihrem Tun, deren Macht so groß ist, dass nicht einmal diejenigen, die von Untat und Verbrechen leben, ohne wenigstens einen Teil der Gerechtigkeit leben können.

Übung 77   Atque etiam,
                si hoc natura praescribit,
                    ut homo homini,
                        quicumque sit,
                    ob eam ipsam causam,
                        quod is homo sit,
                    consultum velit,
            necesse est secundum eandem naturam omnium utilitatem esse communem.

Und es ist auch, wenn die Natur dies vorschreibt, dass der Mensch wolle, dass für den Menschen, wer auch immer er sei, nur aus dem Grund, weil dieser ein Mensch ist, vorgesorgt sei, nach derselben Natur notwendig, dass der Nutzen aller ein gemeinsamer sei.

Bildnachweis

Bist du bereit für deinen Einstellungstest?

Hier kannst du testen, wie gut du in einem Einstellungstest zurechtkommen würdest.

1. **Allgemeinwissen**
Der Baustil des Kölner Doms ist dem/der ... zuzuordnen.

a) Klassizismus   b) Romantizismus
c) Gotik   d) Barock

2. **Wortschatz**
Welches Wort ist das?

N O R I N E T K T A Z N O

3. **Grundrechnen**
-11 + 23 - (-1) =

a) 10   b) 11   c) 12   d) 13

4. **Zahlenreihen**
Welche Zahl ergänzt die Reihe logisch?

17 14 7 21 18 9 ?

5. **Buchstabenreihen**
Welche Auswahlmöglichkeit ergänzt die Reihe logisch?

e d f f e g g f h ? ? ?

a) h i j   b) h g i   c) f g h   d) g h i

Alles zum Thema Einstellungstests findest du hier:

www.stark-verlag.de

STARK